湖南省自然科学基金青年项目
“包容性领导对员工创造力的影响机制研究”
（项目编号：2019JJ50594）资助

包容性领导对员工创新行为的影响研究

王　辉　著

湘潭大学出版社

图书在版编目（CIP）数据

包容性领导对员工创新行为的影响研究 / 王辉著
. -- 湘潭 : 湘潭大学出版社, 2021.5
ISBN 978-7-5687-0559-2

Ⅰ. ①包… Ⅱ. ①王… Ⅲ. ①企业领导—影响—企业创新—创新管理—研究 Ⅳ. ①F272.92

中国版本图书馆 CIP 数据核字 (2021) 第 104632 号

包容性领导对员工创新行为的影响研究

BAORONGXING LINGDAO DUI YUANGONG CHUANGXIN XINGWEI DE YINGXIANG YANJIU

王辉 著

责任编辑：刘 丹
封面设计：谈振威
出版发行：湘潭大学出版社
社 址：湖南省湘潭大学工程训练大楼
电 话：0731-58298960 0731-58298966（传真）
邮 编：411105
网 址：http://press.xtu.edu.cn/
印 刷：广东虎彩云印刷有限公司
经 销：湖南省新华书店
开 本：710 mm×1000 mm 1/16
印 张：13.75
字 数：226 千字
版 次：2021 年 5 月第 1 版
印 次：2022 年 3 月第 1 次印刷
书 号：ISBN 978-7-5687-0559-2
定 价：39.00 元

前　言

创新是经济发展的动因，企业是创新体系的重要主体，其持续发展之基、市场制胜之道也在于创新。企业实现创新关键在于员工，蕴涵在员工中的知识和能力是企业创新的重要源泉。因此，如何激发员工创新行为越来越为企业管理者所关注，同时也成为学者关注和研究的重要课题。以往相关研究表明员工创新行为能否被有效激发很大程度上受到领导风格的影响。近年来，伴随着员工对工作自主性需求、差异化需求特征不断凸显，一种新型领导风格——包容性领导开始受到广泛关注。包容性领导呈现出开放、亲和、宽容、支持的特性，能满足个体的包容需要、异质性需求，顺应外部经济环境以及组织变革的不确定性，在多元化的今天有其独特的研究价值。此外，自古以来中国人推崇“和而不同、兼收并蓄”的处事方式和精神品质，处处蕴含着“包容”的思想，因此，针对中国情境下的包容性领导与员工创新行为开展研究具有理论意义和现实价值。

本书在探索中国情境下包容性领导内涵的基础上，着重分析包容性领导对员工创新行为的作用机制，以期丰富和拓展包容性领导和员工创新行为关系的相关研究。本书共分为六章，第一章绪论，主要是阐明研究背景、研究内容、技术路线和研究方法。第二章理论研究，主要是阐述解释个体行为动因的相关理论以及包容性领导对员工创新行为作用过程中相关影响因素的文献梳理。第三章是基于场域理论和资源保存理论，构建并检验了以心理可得性作为中介变量，工作复杂性作为调节变量的包容性领导对员工创造力的影响机制模型。第四章是基于社会认知理论、动机理论，构建并检验了以心理安全感、自我效能感作为中介变量，组织创新奖酬作为调节变量的包容性领导对员工创新行为影响机制模型。第五章是基于社会交换理论和社会认知理论，构建并检验了以员工信任作为中介变量，自我效能感作为调节变量的包容性领导对员工创新行为的影响机制模型。第六章是基于计划行为理论和特征激活理论，构建并检验了以创新自我效能感作为中介变量，领导创新鼓励作为调节变量的主动性人格对员工创新行为的影响机制模型。第三、四、五、六章均根据研究结论对企业经营管理者提供了激发员工创新行为、促进企业创新发展的管理建议。

本书由王辉负责整体设计、修改和最后审定，具体写作分工如下：第一、二章，王辉；第三章，常阳、王辉；第四章，陈敏、王辉；第五章，聂巧媛、王辉；第六章，曾靖岚、王辉。在此，对参与本书写作的研究生常阳、陈敏、聂巧媛、曾靖岚表示感谢。

本书的写作参阅了国内外专家学者的相关论著，获益匪浅。本书是湖南省自然科学基金青年项目“包容性领导对员工创造力的影响机制研究”（项目编号：2019JJ50594）的研究成果，得到了课题的经费资助。本书的出版得到了湘潭大学商学院领导和同事的指导和关心，以及湘潭大学出版社的大力支持。在此，我一并向大家表示衷心的感谢！

王　辉

2021 年 4 月

目 录

第一章 绪论

一、研究背景

（一）创新驱动战略是我国实现技术赶超的战略选择

进入21世纪以来，以信息技术为代表的跨学科交叉融合引发了新一轮科技革命和产业变革，全球正在步入一个创新活跃期。世界各国近年来都在不断提出新的科技规划与创新战略，全球竞争已经进入到一个以创新为核心的新阶段。从我国来看，随着经济的发展，我国经济增长已进入新常态，增长动力正在由要素驱动、投资驱动转换为创新驱动。而创新驱动的核心就是要提高社会生产力水平和劳动生产率，提升发展质量和效益。因此，党的十八大作出了实施创新驱动发展战略的重大决策，强调科技创新是提高社会生产力和综合国力的战略支撑，必须摆在国家发展全局的核心位置。所谓创新驱动就是以创新作为引领发展的第一动力，将科技创新与制度创新、管理创新、商业模式创新、业态创新和文化创新相结合，推动发展方式向依靠持续的知识积累、技术进步和劳动力素质提升转变，促进经济向形态更高级、分工更精细、结构更合理的阶段演进。与低成本优势相比，十八大强调的技术创新具有不易模仿、附加值高等突出特点，能建立持续时间长、竞争力强的创新优势。随着创新驱动发展战略的全面实施，我国科技创新能力显著增强，全球创新指数排名由2012年的第34位跃升至2020年的第14位，创新活力竞相迸发，为培育经济发展新动能、产业迈向中高端水平提供了强有力的支撑。在创新驱动发展战略的实施下，我国创新型国家建设硕果累累：在载人航天、探月工程、高分专项工程、长征五号运载火箭、硬 X 射线、风云四号卫星、实践十三号卫星、海洋科考、超级计算机、第四代移动通信系统（TD－LTE）、量子通信、诱导多功能干细胞、重离子精准“无创手术刀”、大飞机制造、高速铁路、国产航母、三代核电、新能源汽车、现代农业等基础和前沿领域取得了一批有国际影响力的重大成果。若干领域实现从跟跑到并跑、领跑的跃升，一些战略必争领域抢占了制高点，开辟了新的产业发展方向。

当前我国经济已由高速增长阶段转向高质量发展阶段，正处在转变发展方式、优化经济结构、转换增长动力的攻关期。在这个关键时期，如何推动经济发展质量变革、效率变革、动力变革，提高全要素生产率，进而不断增强我国经济创新力和竞争力，都更需要紧紧依靠创新驱动来实现。党的十九大报告上 50 余次提到创新，尤其强调创新是建设现代化经济体系的战略支撑，这正是源于对我国经济发展阶段的战略判断，也是推进我国进一步实现技术赶超的战略选择。在国家创新驱动发展的浪潮下，深入实施与加快推进创新驱动发展战略成为了全国政界、学界与商界三界的共同责任。

（二）企业是实施国家创新驱动战略的主体

党的十九大报告明确指出，建立创新型国家要深化科技体制改革，建立以企业为主体、以市场为导向的技术创新体系，而加快创新成果向现实生产力的转换则是建立创新型国家的关键。一方面，在社会主义市场经济条件下，企业是最贴近市场的，其了解市场需求，具有巨大的创新潜力。企业不但具备将技术优势转化为产品的积极性，还拥有调动各类要素进行生产的运行机制。与此同时，在日益增加的市场竞争压力下，相对于其他传统的科研机构，企业对通过自主创新提升竞争力、谋求自身发展壮大的需求也更为迫切——这些内在需求和属性，也决定了企业在新时期创新驱动战略中的主体地位。另一方面，我国主要的创新活动长久以来多集中在高等院校和科研机构，企业尚未发展成为自主创新的主体，并且我国企业的数量与企业实力尚难以支撑各类创新活动。但随着我国经济建设的快速发展与持续深入，传统创新模式已无法适应我国新时期经济发展和社会主义建设的节奏，快速推行适应时代发展的创新战略成为必然的选择。将企业发展成为自主创新主体也是鉴于我国经过多年的经济建设，无论是在社会资金、人才储备，还是在企业数量与实力上，都有了长足发展和积淀，如今我国企业已具备了成为创新参与者应具备的能力、实力及社会环境。此外，随着我国社会主义经济的逐步发展，当前我国社会主义市场经济已初具规模，各类需求层出不穷。并且，大量科学技术的不断涌现，以及我国国家战略层面上的引领和支持，为我国企业成为实施国家创新驱动战略的主体创造了适宜的发展环境。

市场导向将企业在科技创新中的地位提高到了一个新高度。当前在新一轮科技革命和产业变革风起云涌的背景下，许多新业态与新模式如雨后春笋般纷纷涌现，意味着传统行业正面临着全新的竞争。如电子商务（阿里巴巴等）对传统商业模式的挑战，微信对传统通信业的挑战，智能制造对传统制造的冲击，以及互联网对传统的分工结构发生的重大变革与调整等。这些新业态与新模式的出现涵盖了产品创新、技术创新、管理创新以及商业模式创新等在内的全面创新。与此同时，企业的生存环境也发生了巨大变化，这一现状主要表现在：第一，企业面临的市场竞争压力越来越大。市场开放程度的日益扩大，使全球范围内越来越多的同类企业同台竞技，行业的潜在进入者也虎视眈眈，由此引发市场竞争愈发激烈。第二，企业的产品研发压力不断增大。随着科技发展的日新月异，技术更新的速度越来越快，与此同时，技术标准也在不断更新换代。同行业开发的新产品纷至沓来，势必会给企业研发新产品带来较大的压力。第三，企业迎合顾客需求的压力持续增加。在顾客消费经验不断增加和产品自由选择程度逐渐加大的背景下，顾客需求呈现出愈发个性化、动态化与多样化的趋势。如何准确获取顾客需求，为企业创造竞争优势也成为企业面临的一大难题。第四，企业的资源环境约束不断加紧。在原来“三高两低”（高耗能、高污染、高成本、低技术、低附加值）的生产模式下，我国的环境恶化加剧，资源稀缺问题凸显，环境污染、资源减少，以及人口红利的逝去导致的用工成本增加等，给企业带来的资源环境约束不断加紧，企业急需寻求策略以谋求生存发展的竞争优势。因此，在这一时代背景下，企业的持续发展之基、市场制胜之道就在于适应时代发展潮流，以市场为导向，以技术创新为核心、管理创新为基础、体制创新为保障，有效推进创新驱动发展战略的实施，以落实创新驱动发展战略为己任。

尽管在创新驱动发展战略的推动下，我国企业的创新积极性在不断提高，企业创新规模也有所提升，一大批创新成果不断涌现，但是与国际上一些创新型发达国家相比，我国企业的总体创新活力仍显不足，企业的创新能力仍存在多重短板。这些短板集中表现在：（1）企业创新人才匮乏。由于企业创新人才激励机制落后，科研人员市场化流动不足，以及企业人才培养缺乏创造性、包容性，人才引进机制缺乏灵活性等，导致人才缺乏和人才流失成为我国企业创新活力的一大阻力。（2）企业内部创新氛围不够浓厚。创新仍主要局限于少数企业，部分企业尚未形成良好的创新氛围，无法为员工提供一个创新氛围浓厚的“软环境”，从而导致企业员工创新积极性不高，企业创新能力难以提升等。事实上，企业作为科技和经济紧密结合的主要载体，以及最重要的创新主体之一，其开展创新活动的进展和水平既是反映我国创新质量和效率的关键指标，也是分析创新驱动发展战略执行效果的重要参考。根据美国管理学家彼得的木桶理论：一个木桶能装多少水，取决于最短的那块板子。如何补齐我国企业在开展创新活动中的短板，发挥出企业在创新驱动发展战略中的主体作用，成为企业管理者和学术领域的广大学者亟待解决的问题。

（三）员工创新是企业创新的根本落脚点

创新的源泉是人，唯有让人有想法、敢实践，才有可能不断推动创新发展。对于企业而言，组织管理活动中的每个环节、每个部门及每个岗位的工作都依靠员工个体来完成，企业创新战略的实施和推进也都离不开员工个体的执行、实施和推进。员工作为组织创新的载体，不仅是组织创新思想的来源，更是组织创新的有力执行者与推动者。因此，尽管企业是实施国家创新驱动战略的主体，但是众所周知，企业实现创新关键还在于企业员工，蕴涵在员工中的知识和能力是企业创新并获得持续竞争优势的主要来源。人才是实现企业创新的第一资源，创新驱动实质上就是人才驱动，员工创新是企业创新的根本落脚点。企业要实现创新，不仅需要资金与资源投入，更需要人力资本的投入与开发。因此，如何激发员工创新行为，提升企业创新绩效事关创新驱动战略的落实，越来越为企业管理者所关注，同时也成为学者们关注和研究的重要课题。

（四）包容性领导与员工创新行为的关系机理研究有待深化

近年来在组织行为学研究领域，国内外学者常常将领导力作为创造力的前因变量来研究和探讨（朱瑜，钱姝婷，2014）。相关研究表明，员工创造力是否能够被有效激发或提升在很大程度上受到领导风格和行为的影响。例如变革型领导（Oke，Munshi，Walumbwa，2009；陈晨，时勘，陆佳芳，2015）、真实型领导（李燃，王辉，赵佳卉，2016）、授权型领导（孙圣兰，吕洁，2016）、仁慈型领导（沈伊默，周婉茹，魏丽华，2017）均对激发员工的创新思维有显著的预测效果。这些研究反映了现代组织和管理者对创造力提升的需求与渴望，同时也肯定了领导者对员工创造力提升的重要地位和对组织高绩效的推动作用。

近年来，随着工作场所中员工的多样性和差异性特征的不断凸显，一种新型的管理方式——“包容性管理”被许多企业所实践，也同时被学界所重视。包容性领导（inclusive leadership）作为包容性管理的一个重要维度（Tang，Jiang，Chen，2015），这种领导风格也成为国内外学者关注的重点。在包容性领导作用的研究中，国外学者偏向于从领导—成员关系的角度出发对包容性领导进行研究，认为其是一种关系性领导，能够尊重和理解员工、认可员工价值并且鼓励员工积极参与（Hantula，2009；Carmeli，Reiter，Ziv，2010），可以提高员工的心理安全感（Howard，Shaw，Felsen，2012）、促进员工创新行为（Huntula，2009；Carmeli，Reiter，Zivet，2010）等。但关于包容性领导对员工创造力的内在作用机制的研究还相对缺乏，Carmeli 等人（2010）采用二阶段问卷调查法探讨了心理安全感在包容性领导与员工创造力之间的不完全中介关系；古银华（2016）也证实了团队心理安全感在包容性领导与员工创造力之间的中介作用，并进一步分析了不同权力距离对这种中介作用的调节效应。但是，关于包容性领导与员工创新行为之间的内在作用机制的研究还相对缺乏，两者之间除了直接效应外还应该存在更加复杂的演变过程。为了打开包容性领导与员工创新行为之间的暗箱，本研究将进一步探讨他们之间的内在作用机制，对现有的领导力与创新行为间的研究做一个补充。

二、研究内容

（一）包容性领导对员工创新行为作用机制的理论阐释

第二章主要对社会交换理论、社会认知理论、动机理论、资源保存理论、场域理论、计划行为理论、特征激活理论等进行深入分析，同时对包容性领导、心理安全感、心理可得性、创新自我效能感、组织创新奖酬、员工创新行为、主动性人格等关键变量的相关研究进行文献综述，为本研究提供理论的指导与支持。

（二）包容性领导与员工创造力：心理可得性的中介作用和工作复杂性的调节作用

第三章主要是基于场域理论和资源保存理论，构建包容性领导对员工创造力影响的理论模型，引入心理可得性作为中介变量，工作复杂性作为调节变量以探讨包容性领导与员工创造力之间的内在作用机制。同时，利用问卷调查收集来自多家企业的主管和在职员工的配套数据，运用SPSS22.0和MPLUS7.0统计软件进行相关性分析、信度与效度分析、同源偏差分析、验证性因子分析和回归分析，通过实证分析检验本研究构建的理论模型，并根据研究结论，提出管理建议。

（三）包容性领导与员工创新行为：心理安全感和自我效能感的双中介作用

第四章主要是基于社会认知理论、动机理论，构建以心理安全感、自我效能感作为中介变量，组织创新奖酬作为调节变量的包容性领导对员工创新行为影响的理论模型。同时，通过问卷调查获得样本数据，并利用SPSS22.0、MPLUS7.0统计分析工具进行一系列信效度分析、同源偏差分析、描述性统计、相关性分析、回归分析和结构方程模型分析，对所建构的理论模型进行实证检验。根据理论和实证结论，提出管理建议。

（四）包容性领导与员工创新行为：员工信任的中介作用和创新自我效能感的调节作用

第五章主要是基于社会交换理论和社会认知理论，构建以员工信任作为中介变量，自我效能感作为调节变量的包容性领导对员工创新行为的影响机制模型。同时，通过问卷调查获得样本数据，并运用 SPSS22.0 和 MPLUS7.0 软件对问卷数据进行一系列信效度分析、同源偏差分析、描述性统计、相关性分析、回归分析和结构方程模型分析，对所建构的理论模型进行实证检验。根据理论和实证结论，提出管理建议。

（五）主动性人格与员工创新行为：创新自我效能感的中介作用和领导创新鼓励的调节作用

第六章主要是基于计划行为理论和特征激活理论，构建主动性人格对员工创新行为的影响机制，并探讨在该关系中创新自我效能感的中介作用和领导创新鼓励的调节作用。同时，通过问卷调查获得样本数据，并运用 SPSS22.0 和 MPLUS7.0 软件对问卷数据进行一系列信效度分析、同源偏差分析、描述性统计、相关性分析、回归分析和结构方程模型分析，对所建构的理论模型进行实证检验。根据理论和实证结论，提出管理建议。

三、技术路线

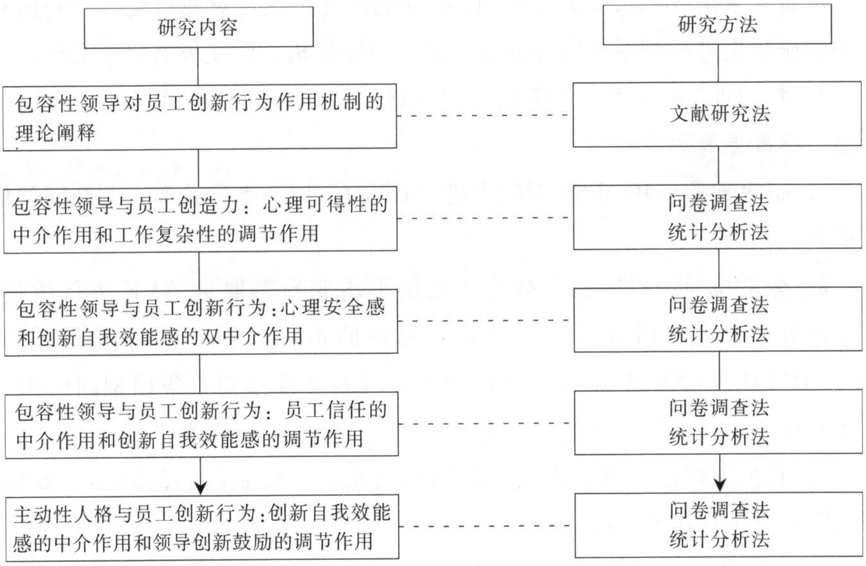

图 1.1　研究技术路线

四、研究方法

（一）文献研究法

本研究通过文献阅读与整理，对社会交换理论、社会认知理论、动机理论、资源保存理论、场域理论、计划行为理论、特征激活理论等进行深入分析，同时对包容性领导、心理安全感、心理可得性、创新自我效能感、组织创新奖酬、员工创新行为、主动性人格等关键变量的相关研究进行文献综述。

（二）问卷调查法

本研究在实证分析部分，通过选取成熟的量表，设计调查问卷，并通过问卷调查获取实证分析所需的样本数据。

（三）统计分析法

本研究采用SPSS22.0、MPLUS7.0统计分析软件对通过发放问卷所获得的调研数据进行一系列统计分析，相关统计分析方法主要有以下几种。

1. 描述性统计：用SPSS软件描述样本的人口统计特征及相关变量的均值、标准差等数值。

2. 信度检验：用SPSS对问卷进行Cronbach's α系数检验，判断问卷信度的高低。

3. 效度检验：对于收敛效度，根据平均变异萃取量AVE进行衡量。对于区分效度，本研究选取了具备代表性的指标（χ^2、df、χ^2/df、CFI、TLI、RMSEA、SRMR）来衡量拟合度，对基准模型与竞争模型间的拟合度进行比较。对于结构效度，运用验证性因子分析进行检验。

4. 相关分析：计算各变量之间的相关系数，检验问卷的内部一致性，对研究假设进行初步验证。

5. 共同方法偏差检验：采用Harman单因素检验法来判断共同方法偏差问题的存在与否。判断标准为检验结果中如果只析出一个共同因子或某个共同因子的解释率小于50%，则表明不存在较为严重的共同方法偏差问题。

6. 回归分析：采用 SPSS 进行逐步回归分析，检验直接效应、中介效应或调节效应。对于复杂模型，则采用 MPLUS 进行路径分析，结合 Bootstrap 分析对研究假设进行验证。

第二章　包容性领导对员工创新行为作用机制的理论阐释

一、人类行为动因的理论阐释

（一）社会交换理论

社会交换理论（social exchange theory，SET）是广为传播的一种社会学理论，它起源于20世纪60年代，由美国著名心理学家霍曼斯提出，用以解释个体在资源交换过程中表现出的行为。该理论内容涵盖了古典功利主义、行为心理学和社会学等多个领域的思想。由于该理论以个体行为中的心理因素为研究焦点，因此还被称为行为主义社会心理学理论。社会交换理论指出社会交往过程实际是一个互惠互利的交换过程，个体基于其感知到的收益和成本的大小，选择是否产生交换行为，任何个体都希望在交换的过程中用最小的付出获取最大的利益。

针对具体的人际行为，霍曼斯则通过演绎法提出了五大命题：成功命题、价值命题、刺激命题、剥夺满足命题和攻击赞同命题。其中成功命题是其他命题的基础，表明了个体具有趋利避害的本质。价值命题指出个体会依据行动产生的价值进行选择，那些具有高价值的行动会受到更多人的青睐。刺激命题主要阐述了过往的情景和经验对人类行为的影响，即当某种行为使得个体收获了一定的报酬时，个体会更多地做出与之相同或类似的行为。剥夺命题则反映了经济学中的边际递减效应，即个体获得某一报酬的次数越多，达到一定程度后对相同或相似报酬的价值感知度越低。攻击赞同命题指出了前四种命题成立的两种条件，即人们产生攻击或赞同行为的条件：攻击行为之所以会产生是因为没有得到预期的报酬或受到未预期的惩罚，赞同行为的产生则是因为得到了超过期望的报酬或未受到期望的惩罚。霍曼斯的交换命题主要以微观的个体间交换行为作为研究主体，将一切社会行为还原为简单的心理行为，但其命题忽视了人类行为的复杂性，且较少关注宏观层次的社会现象（Emerson，1972）。因此，针对霍曼斯社会交换理论的不足，布劳和埃默森等学者对该理论进行了补充和发展。

布劳在霍曼斯的论述基础上对社会交换的定义、特征、原则及形成过程进行深入研究，提出了结构交换论。他进一步探讨了社会交换如何在复杂的社会结构中发挥作用，填补了社会交换理论在微观层面和宏观层面的鸿沟。布劳将社会交换界定为当别人做出报答性反应就发生，当别人不再做出报答性反应就停止的行动。他认为社会交换只是诸多人类行为的一角，不同社会交换行为的产生源于相互间的社会吸引（利益和报酬的吸引）。当人与人之间产生了这种吸引，并且行动者们乐意遵守互惠规则，提供与自己的收益相匹配的回报，就会形成互动群体，社会交换也随之发生（Coleman，1990）。

但社会交换并不会单纯地发生，个体相互之间充满了竞争，在竞争中一些人逐渐蓄积更大的价值和资源，并获得较高地位，在选择交换对象时便拥有更大的自由，而另一些缺乏资源的成员则处于低阶地位。当社会地位差别较大的双方进行交换时，会出现交换中的一方以依从作为回报的形式，另一方则从交换中获得了权力等级。交换的过程中，这种竞争或许是显而易见的，又可能难以察觉，但是竞争所导致的优胜劣汰会使人与人之间产生地位的分化。地位分化继续发展就促使了权利的产生，最终将有助于建立集体性的社会组织。

此外，在布劳看来，社会交换主要包括内在性报酬、外在性报酬和混合性报酬这三种形式。其中内在性报酬是以人与人之间的交往过程作为最终目的为特征而存在的社会交换；外在性报酬则以人与人之间的交往作为实现远大目标的一种方式为特征的社会交换；混合性报酬是同时具备以上两种社会交换特征的形式。除此之外，他还提出理性原理、不平等原理、互惠原理、公正原理和边际效用原理这五个命题。

埃默森的网络交换理论将交换理论扩展到网络结构中，主张用网络分析的方法研究交换关系。埃默森认为不同的社会交换关系可以将不同的行动者联系起来，构成一个关系网络。由于每一个交换网络都有与之对应的社会结构，因此，他将行动者通过交换形成的不同网络结构作为分析单位，利用数理模型和可视化的图表阐述社会结构和社会交换的动因。交换理论与网络分析方法的结合不仅将社会交换理论的研究范围和目标在以往的基础上进行扩展，也使得学者们对社会结构的分析不再拘泥于对微观和宏观关系的探索，而是将其用更为精确的语言概念化、用清晰的图表可视化，从而为传统交换理论注入了新动力，提供了新的讨论方法。

社会交换理论的核心原则是互惠原则（Gouldner，1960；Blau，1964），学者们认为互惠原则是社会交换过程中被大家一致认可的潜在准则，贯穿整个交换过程。互惠原则的具体内涵是当一个人接受另一个人给予资源的同时就形成了一种约定，即他应当回馈等值的资源。邹文篪等人（2012）认为互惠原则是指在交换过程中，当一方提供给另外一方帮助或者某些资源时，受益的一方需要承担起相应的义务——回报那些给予其帮助和资源的人。一旦交换中的一方感知到另一方破坏了这种规范，交换双方的关系将会受到影响，交换行为也可能会被终止。交换的一方付出的资源可以体现为金钱、信息和服务，也可以是赞扬、欣赏、尊重等社会情感资源（Eisenberger，2001）。另一方也会收获相应的回报，例如物质上的满足、地位的提升和荣誉等非物质的收益。

在当前的组织行为中，大部分社会交换过程都始于组织行为者或行为个体，交换的目标个体会根据行动个体的初始反应和对待方式产生互惠反应，交换关系由此产生（Cropanzano，Anthony，Daniels，Hall，2016）。Cropanzano 等（2016）对组织行为中的社会交换模式进行了总结，并将其分为积极和消极两条路径。积极路径是指当行动者（领导者或者同事）为目标个体（通常是下属）提供有益的资源或者积极的帮助和支持时（Riggle，Edmondson，Hansen，2009），目标个体也会选择给予这个行动者正向的回报，因此双方会建立起稳定的社会交换关系；消极路径则与积极路径恰恰相反，它是指当行动者对目标个体采取负面行为如滥用监督、辱虐管理等（Tepper，Carr，Breaux，Geider，Hu，Hua，2009），目标个体将提供消极的或者负面的反馈，那么他和行动者之间只会形成质量较低的交换关系。

从社会交换理论的视角审视包容性领导，它是一种典型的关系型领导。同其他领导方式相比，包容性领导更加关注领导者和追随者的关系及其互动机制，更多体现出双方高质量的情感交换关系。该种领导方式倡导领导者在管理活动中关注下属或者员工的需求、倾听他们的意见，鼓励领导者坚持以人为本的原则，在同下属或者员工的互动中表现出开放性、有效性和亲和性（Carmali，Palmon，Zivet，2010）。当组织中采用包容性领导的领导方式，员工会与组织在物质和精神两个层面产生交换关系：物质层面的交换是指员工付出体力、智力、精力和时间，组织会提供相应的工资、福利以及良好的工作环境和适宜的工作条件作为回报；精神层面的交换是指具有包容性风格的领导者会认可并接受员工的差异性，乐于激励下属积极参与组织活动，给予下属尊重和理解，员工也会因此对组织产生强烈的信任感、归属感，支持组织或者领导者做出的决定，并将努力完成组织任务作为自己的工作使命，进而产生更多的创新行为。在包容性领导方式下，领导和成员交换的关系网络较之传统的支配式领导更具有广度，并且联系也会更加紧密，从而催生更多高质量的社会交换行为，促进整个组织的发展，实现创新的目标。

（二）社会认知理论

社会认知理论（social cognitive theory）由早期的社会学习理论发展衍生而来，班杜拉在其社会学习理论中提出个体可以通过示范或观察他人受到强化或者惩罚而习得某些特定行为。之后，班杜拉意识到传统行为主义人格理论的缺陷，便在此基础上引入个体认知成分，如信念、知觉、期望等，提出社会认知理论，为心理学家们开启当代社会认知研究的新征程提供了理论基础。20 世纪 90 年代社会认知理论得到迅速发展，理论框架日益明晰，研究方法愈加科学，研究内容愈渐深化，成为教育学和社会心理学的经典理论之一。

社会认知理论以个人学习为研究焦点，论述了一个假设：所有个体行为、个人因素和环境因素是相互作用、相互影响的。在以往心理学的研究中，研究者认为个体的行为会受到个体内部因素和外部环境因素的影响，即个人决定论或者环境决定论。然而班杜拉却强调单一的环境因素或个体因素并不一定能对个体行为产生决定性作用，他认为环境因素、个体对环境的认知以及个体行为是彼此相互影响又相互决定的理论实体，并提出了“三元交互决定论”。其中环境因素是指个体外部因素，能够带来机会和社会支持（Glanz，2002），如压力或情境特征（Compeau，1995）。个人因素是个体的认知、个性或人口统计方面的特征。具体而言，在三元交互决定论中，个体的主观特征会引起或刺激其周围的环境反应，如个体的信念、期望、意向、自我效能等认知因素能够强有力地支配并引导个体的行为，行为及其产生的结果又能反过来影响个体的主观感受和思维形式。换句话说，个体在选择它们进化环境的同时也塑造了周围的环境。最后，个体行为是人与环境关系中的桥梁，在其中扮演着中介的角色，是个体用以改变环境，使之满足个体生存和发展需要的手段。由此可见，行为不仅受个体的主观因素影响，也受现实环境等客观条件的制约。

自我效能理论是班杜拉社会认知理论的另一个关键结构。班杜拉指出，人们的行为方式通常可以通过他们对自己能力的信念而不是他们的实际作为来进行预测，他将这种信念称之为自我效能感，通过自我效能感可以判断个体对自身技能和知识的自信程度（Pajares，2003）。一些研究者以此为基础，结合自身研究方向给出了新的自我效能感定义。例如 Stakovich 和 Luthans（2003）针对组织行为学研究这一领域将自我效能感阐释为“个体对自我能力的一种切实的信念（或信心），这种能力使个体能成功调动起完成某个背景下的某项特定任务所必须的动机、认知资源，并采取一系列行动”。另一些学者则将自我效能感理论同其他理论联系，发展出了新的概念。例如 Tierney 和 Farmer（2002）以自我效能感理论和创造力理论为基础，提出了创新自我效能感这一新概念，即“个体对于自己是否有能力取得创新性成果的信念”。

班杜拉认为个体获得自我效能感的来源有四个：（1）最具影响力的来源之一是个体拥有的成败经验。成功的经验能够提升自我效能感，尤其是在行动初期，个体已有的成功经验对于其今后收获更大的成功至关重要（周文霞，郭桂萍，2006），而失败的经验则恰恰相反（Pajares，2003）。但是当个体已经形成强烈的自我效能感时，以往成败经验的影响力就会减弱。（2）自我效能感的第二个来源是个体在观察他人时获取的替代经验。替代经验涉及个体与其他个人进行的社会比较。这些比较可以对个体的自我效能感产生强大的影响力。倘若人们发现与自己各方面都比较相像的人（如性别、年龄、身体特征、教育水平等人口统计学特征，以及社会地位和以往的经历等方面相似）通过不断的努力获得成功，他们的效能和信念很有可能会提高。而对失败者的行为进行观察会使个体对自己的能力产生怀疑，进而会降低自我效能感（Bandura，1995）。（3）个体也会通过从他人那里得到的言语信息和社会说服而产生自我效能感。积极正面的说服可能有助于个体获得更多的信心和毅力；消极的说服则更有可能击败和削减自我信念。因此领导者应重视言语劝说在自我效能感形成过程中发挥的作用。（4）情绪和生理状态，如焦虑和压力等也会影响个体的自我效能感。积极昂扬的情绪和生理状态会对自我效能感产生正面影响；而消极低沉的情绪和生理状态则可能会对自我效能感产生负面的影响。

观察学习是社会认知理论的另一重要构成成分，是指基于观察进行个体学习的原理。这一理论认为，个人行为、技能知识和社会规范的习得大多来自间接经验。个人会通过对榜样的行为和经验的观察间接地进行学习。观察学习从开始到结束是逐步形成的，主要包括四个过程：注意过程、保持过程、生成过程和动机过程，每一个过程对学习行为的最终完成都有着至关重要的作用。

第一，注意过程。学习者需要精确地感知示范者行为的各个细节才能在观察学习中得到收获。它决定了主体在丰富的环境中选择什么样的观察对象、观察角度以及观察内容。它是观察学习的子功能，受到榜样和观察者两方面能力的制约。第二，保持过程。学习者要对观察到的行为进行“存储”，才能实现“学习”的根本目的。换言之，保持过程就是将注意过程观察到的示范行为借助符号转化的方式，形成便于记忆的语言或表象的表征系统。第三，生成过程。将保持过程产生的言语和表象转化为行为就是生成过程。在这一过程中，强化作用会对行为的外化产生强烈的影响。第四，动机过程。在社会学习理论中，习得与行为表现是两件事。人们不可能把所有习得的表征都表现出来，当被习得行为没有什么功能价值或是带有很强的惩罚风险时，这种转化就很可能不发生；当环境中更多的是积极的诱因时，先前未被外化的表征便会很快表现出来。

自班杜拉的社会认知理论提出以来，其应用非常广泛。研究者们利用该理论解释知识管理、企业管理、创新创业行为、人力资源、组织行为学等多个领域的现象。其中最主要是针对个人和环境因素对行为的影响以及个人、环境、行为三方面影响因素的研究。根据社会认知理论，包容性领导作为一种新型领导风格，在领导风格上极具开放性和包容性，关注和重视员工的需求，理解并认可员工的想法，处于这种轻松和谐的工作环境中，员工会感受到来自领导的尊重（管春英，2016）。除此之外，包容性领导能包容员工的失败和错误（方阳春，2014），甚至愿意为此承受风险，削弱了员工对失败的感知程度，从而在很大程度上降低了失败对员工自我效能感的折损（Dawkins，2017）。最后，包容性风格的领导者能够鼓励员工参与，当员工被劝说他们具备完成任务的能力时，他们会更加积极地投入更多的努力进行创新（Nembhard，2006）。

（三）动机理论

动机理论又称动因理论，主要阐述了动机的产生和作用、动机与需求满足、个体行为和目标之间的关系。Atkinson（1964）认为动机的定义是对行动的方向、强度和持久性产生直接影响的因素。Campbell 和 Pritchard（1976）则指出动机是对个体行为产生刺激的直接原因，并且为个体的行为提供了指向性目标，能够帮助个体明晰其行为的意义。本研究沿用以往的概念，将动机概括为引起和维持个体的活动，并使个体的活动朝向某一既定目标的内部唤醒状态。

20 世纪 50 年代诞生了早期的动机理论，统称为内容理论，它们的主要目的是确定与动机相关的因素，分别是马斯洛的需求层次理论、麦克莱兰的需求理论、赫兹伯格的双因素理论。

马斯洛的需求层次理论（1954）指出每个人内心都存在五种层次的需求：生理需求、安全需求、归属和爱的需求、尊重需求和自我实现需求，且这些需求由低层次到高层次依次排列。马斯洛认为生理需求是个体作为有机体而存在的最基本的需求，它在所有需求中占有绝对优势，例如对饮食、居住和睡眠等的需求。当生理需求得到满足之后，个体的安全需求就会凸显出来，体现为追求稳定的生活，避免经受恐吓和混乱等。假如生理和安全需求都得到了满足，个体对于爱、情感和归属等的需求会成为主导，个人会对充满情感的生活圈产生浓烈的向往。此外，任何人都有对于自尊、自重和受到他人尊重的渴求，比如希望他人认可自己的实力，相信自己可以胜任，以及对名誉和地位的追求。最后，自我实现的需求是最高层次的需求，即人对于实现自我发展的欲求。每个人的天性中都有一种趋向——追求自身能力和潜能的提升并不断地完善自我。

马斯洛的需求层次理论认为随着个体的成长以及时间的推移，需求的层次结构是稳步上升的。而麦克莱兰的观点则与之形成了鲜明对比，他指出无论在什么时候，个人都拥有着几种相互竞争的需求，它们有助于激活个体的行为。麦克莱兰（1961；1971）对个体需求的研究，聚焦于三个方面：（1）成就需求即追求卓越、争取成功的需求。拥有高成就需求的人，力求在工作中达到完美境界，潜意识里希望比别人表现得更好。对于他们而言，特别简单或者过于困难的目标是不会被接受的，他们更乐意为自己选定一个具有挑战性但又有机会实现的目标（McClelland，1985），愿意承受中等程度的风险，使得自己能够在工作中脱颖而出（Uduji，Ankeli，2013）。（2）权力需求指的是个体希望可以影响或者控制他人且不受他人控制。高权力需求的人有着强烈的对他人和周围环境施加影响或控制的期望，喜欢竞争性和地位导向的工作环境，希望能在团队和工作中担任领导的角色（Uduji，Ankeli，2013）。（3）亲和需求代表了个体对于建立亲密和谐的人际关系的追求。亲和需求较高的人在工作和生活中更加重视同其他人的关系（Carver，Scheier，1992），排斥在充满竞争性的环境中活动。他们期望被别人喜欢和接纳，渴望获得友谊、理解和信赖（McGregor，1960）。他们喜欢社交、享受合作，并在社交和合作中对他人的反应保持敏感（McClelland，1985）。麦克莱兰在其研究模型中将个体的需求进行概念化，为研究人员提供了一组明确的定义，获得了动机影响因素的研究者们的一致认可。

马斯洛和麦克莱兰主要关注个体差异对动机的影响，而赫茨伯格（Herzberg，1966；Mausner，Snyderman，1959）则试图探索工作活动以及工作性质在动机中发挥的作用。在赫茨伯格的双因素理论（又称激励—保健理论）中，动机在很大程度上受到工作挑战性的影响。他认为与“满意”相对的是“没有满意”，而“不满意”的对立面则是“没有不满意”，满意和不满意并非此消彼长的关系，而是受到两类不同因素的影响。减少工作是会给员工带来满意感的因素，并不会使员工产生不满的情绪，而那些会导致员工不满的因素即使有所改善，也无法增加员工的满意度。双因素理论将影响满意和不满意的因素划分为激励因素和保健因素两大阵营。如个人成长机会、来自领导的肯定和赞赏、具有挑战性的工作、工作职责划分明确等与工作本身相关或与工作结果直接相关的因素，能够让员工感到满意，激发员工的积极性，被称为激励因素。而领导者的管理方式、工资福利、公司政策、与他人的关系、工作的环境条件这些因素则被概括为保健因素。保健因素是个人对除工作以外的其他条件的要求，它的改善只能消除员工的不满，但难以真正调动员工的工作激情。

早期的内容理论侧重于在相对静态的环境中识别与动机相关的因素。而从 19 世纪 60 年代中期开始，出现了一种研究工作动机的新方法。理论家们开始从动态视角看待动机，将工作动机激发过程的描述作为研究重点，形成了过程理论流派，其研究核心是认知动机理论，用以解释人们在决定如何行为时所经历的思维过程。其中，最为著名的是期望理论。期望理论主要阐释人们从产生动机到采取行动的一系列心理过程，探讨目标的设计如何调动个人的积极性。

期望理论由勒温和托尔曼开始早期研究，他们认为个体行为受到意识的支配且具有目标导向。随后弗卢姆（Vroom，1964）展开了更为深入的探索，认为目标效价、工具、期望值这三个要素是人类的动机作用模式中重要的组成部分，目标通过目标效价和期望值对个体动机产生激励作用。目标效价指目标实现对个人需求满足的价值。如果实现该目标对个体来说价值重大，则表明该目标具有较高的效价，它会对个体产生较强的激励力量；反之，目标的激励效果则较弱，个体的积极性也会随之变低。目标效价受到诸多因素的影响，如目标对被激励个体而言是否必要、目标是否能够帮助被激励者改善当下处境，等等。期望值是个体根据以往的经验判断自己实现目标的可能性，即能够实现目标的概率。只有个体认为实现该目标的概率很大，才会奋发图强，从而在较高程度上发挥目标的激励作用；如果个体通过判断，发觉实现该目标的概率很小，甚至完全不可能，此时目标只能发挥很小的激励作用或者毫无作用。目标的难易程度、外部环境，以及被激励个体的技能、知识水平和性格特征等因素都会对期望值的大小产生影响。在管理实践中，期望理论指出员工倾向于理性地评估各种工作行为，如更加努力地工作，然后期望他们的行为会带来最有价值的奖励和结果。因此，领导者想要激发员工的动机，就必须让员工明白：工作可以满足他们的需求，而需求是和个人的绩效挂钩的，努力工作则会带来绩效的提升。

除期望理论之外，研究者们还发展出了其他重要的动机理论。如美国心理学家亚当斯（Admas，1965）提出的公平理论，该理论关注分配的公平性、合理性对员工工作动机产生的影响。公平理论指出，对于多数员工而言，动机不仅受到绝对报酬的影响也会受到相对报酬的影响，他们会将自己获得的报酬（如金钱、福利、表彰奖励等）和付出（如时间、精力乃至受教育程度等）的比值与他人的报酬和付出的比值进行比较。当员工对自己和他人的报酬进行比较的结果表明收支比率相符时，便会认为自己获得了公正地对待，这会正向影响他们的工作动机，刺激他们努力工作；当员工认为收支比率不相符时，则会负向影响其工作积极性。20 世纪 60 年代后期，洛克（Locke，1968）提出了目标设置理论，该理论将目标与员工的工作动机联系起来，指出简单而明确的行为目标能够激发个体的动机，提高个体积极性和工作绩效。

伴随着认知动机理论的发展，Deci 和 Ryan 等人在 20 世纪 80 年代提出了自我决定理论，他们将人类动机看作是从外部调节到内部动机的动态连续体，并依据自我决定的程度划分个体动机类型，同时基于个体基本心理需要如何满足的视角对有利于外在动机内化的条件进行了探讨。

自我决定理论认为个体对于自我的认知和定位在其动机形成过程中占据着重要地位。该理论的研究者们通过对个体内在心理和外部环境两方面因素进行分析，提取出人类的三种基本心理需求：自主性需求、胜任力需求和归属需求（Ryan，Deci，2000）。自主性需求是指个体在选择从事某项活动时所拥有的自主决定感。这种自主性需求能够引导个体从事自己感兴趣的活动，从而极大地激发其内在动机。胜任力需求是指个体需要感受到他们有能力克服自己在从事某项活动时遇到的挑战。归属需求是指个体希望获得他人的关心、理解和认同，与他人建立亲密的联系。自我决定理论认为，倘若以上三种基本心理需求都被满足，个体就能获得健康成长和自我实现。此外，自我决定理论将个体动机区分为内在动机和外在动机两种基本类型。内在动机无须外在力量的刺激，它是由个体自己的兴趣或者活动本身能够为个体带来的乐趣而引发的。而外在动机则是由于活动能够导致某种结果而从事某项行为，是个体在外部环境的作用下所引发的（Ryan，Deci，2000）。

（四）资源保存理论

资源保存理论（conservation of resource theory）是随着压力理论的发展而衍射出来的一种新兴理论视角。起初，学者们对压力的研究可以概括为“刺激”说、“反应”说和“刺激—反应”说三个主要流派（曹霞，瞿皎皎，2014）。随着后续研究的深入，研究者们以“刺激—反应”观点作为理论基础，开始探讨个体遭遇压力时会表现何种行为，由此诞生了“刺激—认知—行为”说。研究者们根据这一思路不仅取得了丰硕的理论成果，而且形成了相应的研究理论和模型。其中，最具代表性的是 Folkman 和 Lazarus（1980）提出的人—环境平衡模型，但是也有研究者对此模型提出了质疑。

Hobfoll（1989）认为人—环境平衡模型中缺少对个体需求以及资源能力两个概念的准确界定，导致研究者们难以完全厘清两者之间的作用过程。此外，该模型中缺乏两者比较的标准化工具，因而不能正确地进行比较。基于这两点质疑，Hobfoll（1989）提出了著名的资源保存理论，以期能够更好地解释个体在应对压力情境时所采取的个体行为。Hobfoll（1989）研究之初，提出了一个基础的假设：当个体面对资源时，他们往往会努力保护、维持这些资源。这些资源主要包括物质性资源、条件性资源、人格特质和能源性资源四种。资源保存理论的核心观点在于，拥有更多资源的个体在面临资源缺失时，会倾向于采取积极的行动防止这些资源继续丧失（Hobfoll，1989；2011）。在 Hobfoll 提出该理论的 30 年间，它逐渐发展成为组织行为学研究中最流行的理论之一。研究者们应用该理论解释资源如何在个人和社会环境之间发挥交互作用（Hobfoll，Shirom，2001）。

Hobfoll（1989）将资源定义为“对于个体来说有价值的人格特征、条件、能量、实物等物体以及获取这些物体的方式”，这些资源又可被划分为四大类：一是物质性资源，如住房、工作、生活环境等，该类资源在很大程度上与个体的社会地位和经济基础有关。二是条件性资源，如人际关系、经验和工作资历，它能够为个体获取其他关键性资源提供条件。三是人格特征，如自我效能、自尊心、抗压性等，这类资源决定着个体的抗压潜能，其中积极乐观的人格特征能够帮助减轻个人在困境中或遭遇困难时的心理压力。四是能源性资源，如时间、金钱、知识等，是可以帮助个体获取另外三种资源的资源。

Gorgievski（2011）等人基于“价值”的视角将资源定义为一切能够带来好处的事物。然而，近年来，越来越多的研究表明即使是能够带来好处的事物也可能导致坏的结果。例如工作投入虽然提供给个体更高水平的工作资源，但是也导致了工作—家庭冲突。因此，结合已有研究者对资源的定义，Hobfoll 等对资源的概念进行了补充。Hobfoll 将资源与个体的目标相联结，结合目标导向对资源进行定义，指出能够为个体实现目标提供帮助和支持的物质或者条件才是应该珍视的资源，减少了资源和某些特定结果之间的联系，为帮助个体理解资源的基本特征和动态变化提供了有力支持（Hallbesleben，Hobfoll，Neveu，Westman，2014）。根据理论界对资源的定义可知，个体如何对资源进行分配取决于其如何对自己所拥有的资源进行解读。

资源保存理论主要阐明了个体对资源的感知如何塑造其行为（Hallbesleben，Hobfoll，Neveu，Westman，2014），该理论的假设基础是个体最根本的需求就是保护对于他们而言是有价值的既有资源并且努力获取新资源。基于此，以资源保存理论为内核又辐射出其他相关的原则。第一，资源损失的首要地位原则。个体对资源损失和资源获得的感受截然不同，他们通常对资源的损失会更加敏感，因为对于个体而言，即使获取等量资源可能也难以弥补资源损失带来的严重心理伤害。第二，资源投资原则。

表明个体会对已有资源进行投资分配（如直接进行资源替换或间接性的资源投资）用以维持资源、获取新资源或从损失中恢复（Hobfoll，2011），如为员工提供加班福利以弥补员工因为加班而产生的损失。第三，增益悖论原则。个体在经受资源损失时，资源收益于其而言意义重大，个体感知到的价值水平也会有所增加。第四，绝望原则。当个体的资源即将被消耗殆尽时，个体会开启防御模式，产生非理性的、极具攻击力的行为以保护自己免受伤害（Hobfoll，Hallbesleben，Neveu，Westman，2018）。

值得注意的是，资源保存理论指出拥有更丰富资源的个体，更有可能采取较为激进的资源投资策略和积极的投资行为，并且他们也更不会轻易受到资源损失带来的负面影响，因为他们通常更有能力获取资源。而初始资源缺乏的个人则恰恰相反，他们会更容易遭受资源损耗的影响，所以更倾向较为保守的资源投资策略（段锦云，2020）。比如，拥有更多知识、技能和经验的员工更有把握完成艰巨的任务，更有可能在工作过程中进行创新，他们获得奖励和晋升的概率也会大大增加。而掌握资源较少的员工则有可能无法完成任务、受到领导批评甚至失业。据此，提出资源的螺旋效应，即“丧失螺旋”和“增值螺旋”（曹霞，霍皎姣，2014）。丧失螺旋指资源储备不足的个体有更大概率承受资源折损带来的压力，这种压力会驱使个体为了弥补损失，源源不断投入新的资源，反而会加快资源存量折损的速度。增值螺旋是指拥有足量资源储备的个体不但有更大的能力获取资源，而且获取的新资源会孕育更大的资源增量。也就是说，个体一旦成功获取某种资源，极有可能在前一种资源的支撑下收获更多的新资源。但是，资源丧失螺旋的形成速度快于增值螺旋，所以缺少资源的人更容易掉进丧失螺旋的漩涡之中。

资源保存理论以资源作为研究核心，揭示了个体初始资源的储备水平以及资源折损与获取的状况对个体工作行为产生的影响。个体会根据资源投入与产出的水平对某一工作事件进行评估，并依据自身掌握资源的数量和质量，选择获利最大的投资策略，对资源进行最优的分配。在这一过程中个体会表现出多种情绪反应以及不同的工作态度和行为。过往研究者主要基于工作要求和工作资源两个维度，对员工的工作态度与行为加以分析和预测。例如，以资源保存理论为基础发展而来的“工作要求—资源模型”。其中与工作要求相关的因素被认为是个体资源损耗的主要原因，会使个体产生诸如情绪失调、情感耗竭和职业倦怠等消极感受（Lee，Ashforth，1993，1996）。而与工作资源相关的因素则会为个体提供工作过程中必需的条件和资源，如组织支持、工作自主权和任务反馈等，不仅能帮助员工体验工作带来的积极意义，更能够缓解资源损失带来的心理压力。

早期的资源保存理论被用以解释工作压力现象，而后逐渐被应用于对工作场所中的职业倦怠、员工建言行为、工作投入、组织承诺等个体的态度和行为研究中。Hobfoll（2011）在其最新研究成果中明确提出，资源增值螺旋的重要性不仅体现在单一工作情境中，跨工作情境下资源流通和共享所发挥的效应同样应该受到研究者的重视。因此，一些学者们将资源保存理论的研究触角延伸至工作—家庭关系（Hakanen et al.，2011）的研究领域中，探索个体资源的限制性与多重角色下资源需求的平衡问题。

本研究借鉴资源保存理论，用以解释包容性领导与员工创新行为间的关系。成功的创新不仅需要投入大量的资源，还意味着员工应当打破常规，摆脱以往的思维模式，独辟蹊径，因此，可能会遭受拒绝改变规则的同事的抵触，创新带来的不确定性和风险性会消耗员工大量的心理资源。而领导的支持和包容对员工来说是一种有价值的社会资源，能够增加其已有资源的存量。根据资源保存理论，当员工拥有足量的资源时，不仅可以有效缓解因资源折损带来的工作倦怠或者压力等，而且能够为个体努力工作注入活力，激发员工的工作动机，促使其表现出积极的创新行为。

（五）场域理论

场域理论是社会学研究的重要理论之一。场域的概念起源于物理学，起初是为了描述重力、电磁力等互相作用时的场现象。最早是由心理学家库尔特·考夫卡引入社会学研究的，随后不断地向自然科学，甚至是心理学等领域渗透和发展。考夫卡将场域理论与心理学理论相结合，提出了著名的物理场理论和心理场理论。他认为，心理场反映了个体现实的观念，而物理场则是被个体感知的现实，心理场与物理场并不是简单的一一对应关系，个体的心理活动是二者结合而成的心物场（Koffca，1922）。

之后的研究者以 Koffca 的研究为基础，对场域理论的内容进行发展完善。如 Reed 和 Lewin（1951）引用物理学场论的观点，将场域理论解释成一种分析问题、解决问题的方法。他在理论中指出，人与环境可以看作是一个共同的动力整体，人的行为发生的心理场就是生活空间。Reed 和 Lewin（1951）提出的心理学场论包含了三层意思：第一，人与环境是构成生活空间的基本要素，并且只有在环境与人的心理目标相结合的背景下环境发挥作用这一基本条件被满足时，生活空间才算成立。第二，生活空间会对个体产生一定的动力，这种动力主要表现为吸引力和排斥力。生活空间的这种动力作用能够驱使个体战胜排斥力，跟随吸引力的指引，朝着心理目标迈进。第三，生活空间的动力作用并非一蹴而就，而是逐级展开的，个体通过这种动力的作用逐渐克服障碍，从而实现最终目标（Reed，Lewin，1951）。

法国社会学家布迪厄将场域定义为存在于各个位置之间的不同社会关系构成的网络所建立的社会实践空间（Bourdieu，1984）。他指出，场域是“商品、知识、服务、社会地位以及富有竞争力的位置等生产、流通与占用的畛域”“是一个围绕特定资本形式或不同资本的组合而形成的结构化空间”。理论学家们对布迪厄的场域概念尚存在不同的观点，但在这些不同的定义中存在着共同特征：首先，场域的存在以客观关系为依托，场域内部有复杂的关系。在布迪厄看来，各个场域之间既彼此独立又相互关联，是拥有独特运作规则的社会空间。若干子场域组成了社会场域的整体，子场域与社会场域之间以及不同的子场域之间都存在着不对等的位置关系。其次，在场域内部以及场域之间充满竞争，这是场域运动的表现。现代社会中，由于社会分工不同而形成的一个个小世界，它们具有自身的逻辑和规则，这些逻辑和规则在其构成的场域运动中，不是一成不变的。这些变动导致了场域界限和场域力量的变化，维持着社会的运作。最后，场域体现着行动者的努力方向和努力成果。总体而言，场域理论表明人的每一个行动均被行动所发生的场域所影响，而场域并非单指物理环境，也包括他人的行为以及与此相连的许多因素。

惯习和资本是布迪厄场域理论的另外两个关键概念。惯习产生于构成特定环境的结构，是一套持久的、结构化且可转化的系统，是外在社会体系经过一段时期的沉淀内化于行动者，并外化为行动者身体上的各种姿态以及行动者的性情、判断倾向等。行动者在实践的过程中会受到一些没有明文规定的规则或规范的指导，他们根据已有的经验、过去的感知，更愿意选择与过去相切合的现实社会条件，排斥那些与过去经验相悖的新信息，并主动产生对应的行为。资本是指个体（或团体）通过劳动而累积的社会资源，具有生成性和获取利润的潜能。场域理论中资本的定义十分宽泛，布迪厄将资本细分为各种类型，如文化资本、社会资本、经济资本、符号资本、法律资本等。但是最为核心的是文化资本、经济资本和社会资本这三种类型。经济资本是各种产权形式或者金钱。文化资本是借助于不同的教育行动传递的文化物品。社会资本是指一个人拥有的社会网络关系。在特定的条件下，不同的资本类型可以进行“兑换”，即相互交换和转化。如文化资本在适当条件下可以帮助个体获取更多的经济资本，实现资本的转换。

场域、惯习和资本之间的关系可以用一个公式进行概括：资本＝场域＋惯习。就场域与资本之间的关系而言，一种资本只有在特定的场域中才能发挥效用，即资本需和场域相互匹配或者一一对应。场域和惯习二者之间既是彼此契合，又是双向建构的关系。布迪厄在研究中将惯习、资本、场域三个基本概念联系起来，提出了一个新的分析公式，即［（惯习）（资本)］＋场域＝实践。具体而言，无论是个体行动者还是群体行动者都是在对社会经验进行积累并将其内化的过程中形成惯习，之外，这些行动者们还掌握着一定数量的资本。据此可以看出，个体或者群体的社会实践行为并不是随机产生的，而是在惯习作用下，根据其所掌握的资本，在特定的场域中发生的前反思的策略性行为。

人是社会的人，不是个体的人，社会性是人的最主要、最根本的属性，因此，人的任何行为都无法脱离社会这一宏观背景的约束和影响。布迪厄场域理论的提出，不仅为解读个人行为和社会环境之间的关系提供了强有力的支撑，而且拓宽了场域理论的适用性。布迪厄场域理论将研究的主体聚焦于空间中的“关系”，他认为从场域的视角进行思考的实质是对客观社会关系的思考。在场域理论的内涵中，行动者的社会关系网络在其社会实践中占据重要位置，不同位置对应不同的资本类型。在这些资本的加持下，行动者的社会关系网络在社会实践利益分配中占有一席之地，不仅可以从中受益，而且能够决定与其他关系网络之间的统治、服从或对应等关系（邵璐，2011）。最后，由于不同的场域掌握的资本量会存在差别，因此其在社会空间中的位置也是不同的。其中政治场域、文化场域和经济场域由于占据资本数量较多而成为元场，其他任何形式的场域都会受到来自元场的影响。布迪厄曾论述，政治场域要依靠人与人在社会空间中形成的权力关系网络来维系，权力和资本作为促进场域中关系形成的关键因素，能够对其他关系施加影响（崔思凝，2017）。

（六）计划行为理论

20世纪60年代，心理学家Fishbein（1963）提出了多属性态度理论，这是计划行为理论孕育的摇篮。多属性态度理论认为个体的行为意向取决于行为态度，而个体的行为态度又会受到行为的结果预期和评估的影响，该理论还指出个体的行为态度由三个部分组成：态度属性、属性权重和属性的信念强度。之后，Ajzen和Fishbein（1975）以多属性态度为蓝本，探究了态度与行为的关系，创建了理性行为理论。理性行为理论表明行为态度和主观规范会影响个体行为意向，行为意向又直接决定个体行为。20世纪80年代，Ajzen（1985）在理性行为理论的基础上，增加了认知行为控制这一维度，初步提出计划行为理论。随后，Ajzen（1991）发表的《计划行为理论》一文，标志着计划行为理论的成熟。如今，计划行为理论广受社会行为研究者们的青睐，已成为社会心理学中比较具有影响力的理论之一。计划行为理论从信息加工的视角、以期望价值理论为基础解释个体行为和个体决策过程（段文婷，江光荣，2008），被成功地应用于多个行为领域，并且绝大多数研究证实它能显著提高研究者对个体行为的解释力与预测力。

在心理学中，行为态度通常被定义为对某件事物喜欢或者不喜欢的程度评估，或者对某件事物认知的心理情感倾向（张红涛，王二平，2007）。而在计划行为理论中，行为态度则是指个体在执行某一行为之前做出喜爱程度的评价。如果个体对某种行为持积极的态度，则执行这一行为的意图就会越明显，进而影响行为的发生。根据Ajzen和Fishbein（1975）的态度期望价值理论，个体在发出某一行为时，内心会产生大量与行为可能结果相关的信念，即行为信念。行为信念由两个要素组成：信念强度和价态评估。其中，信念强度反映个体对其行为能带来预期结果的期望程度，价态评估则是个体对行为结果好坏的心理预期。信念强度和价态评估共同决定个体行为态度。

主观规范是指个体在决定做一件事或者执行某一特定行为时，体会到外界环境对自己的期待或压力，它是行为发生的一种参照物，从侧面反映个体生活中的重要人物或所处的团体会在个体行为决策过程中产生影响。现实生活中，个体感受到的压力既可以是某个人，也可以是某个群体，如亲戚、公司主管、上层领导、同事或者朋友。正是这种压力的迫使，行为发生者才会产生行为意愿，并考虑行为的结果将对自己和他人带来何种影响。如果他人对即将发生的行为有着正面的认同，且认同程度较高，那么个体执行该行为的可能性就越高。规范信念和顺从动机是影响主观规范的两大主要因素。其中，规范信念指个体认为重要他人或团体对其执行某一行为表现出的赞成或反对的期望；顺从动机则是指个体顺从这种期望的程度。一些研究者对主观规范的类型进行了补充，他们认为主观规范存在多种类型，不同的类型对个体行为发挥的作用也不尽相同。Cialdini 等(1991) 将主观规范划分为个人规范、示范性规范和指令性规范。其中个人规范是指处于社会群体中的个体由于受到社会规范的影响，从而形成的一套自我行为准则，不仅代表了个体对自我的要求，也反映了社会规则的属性。示范性规范是一种对个体“实际如何做”的规范，指大多数人在某个特定情境中行事的规范，反映个体的真实行为。指令性规范是个体“应该如何做”的规范，是存在于个体意识中的指导其应当执行何种行为的规范，如道德规范。

认知行为控制是个体对自己践行某一行为的能力的一种认知，也是个体对执行特定行为的难易程度的感知。这种感知会受到个体能力、机会或者资源的影响。当一个人掌握了大量可供利用的人、物或资源，且没什么困难阻碍他的行动时，个体对行为的认知控制感就会越强，而行为则会更容易发生。认知行为控制的构成成分也可根据态度的期望价值理论推导得出，它同样包含两部分：控制信念和知觉强度。其中，控制信念指个体所察觉到对行为具有促进或阻碍作用的因素，知觉强度则是指个体察觉到的这些因素对行为执行的影响程度。值得注意的是，精准的认知行为控制可以反映现实条件状况，它能够被看作是现实条件的替代性测量指标，直接对个体执行行为的可能性进行预测（预测的准确性取决于个体认知行为控制感知的真实程度）。

计划行为理论提出，在个人意志无法完全控制的情况下，个体的行为会受到行为意图、行为执行者的个人能力、机会和资源等现实限制条件的约束，但是当个体具备充分的现实条件时，行为意图是行为的直接决定因素。行为意图代表着个体执行某一行为的概率，假如个体对践行某一行为的意图较强，那么个体极有可能产生这一行为。行为意图会受到行为态度、主观规范和认知行为控制这三个因素多维或单一维度的影响。积极的态度、重要他人的大力支持和准确的认知行为控制对个体行为意图的产生至关重要。而外界因素（如人口、个体特征、认知信念、态度、环境与特定情境等因素）制约了个体行为态度、主观规范及认知行为控制（杨廷忠，裴晓明，马彦，2002）。计划行为理论还认为每一个个体都拥有大量与行为相关的信念，但当处于特定的时间范围和环境条件下，只有一小部分的行为信念能被摄取，这些可摄取的信念称作突显信念，它们是行为态度、主观规范和认知行为控制的感知和情绪基础。个体的人口统计学特征以及社会文化等因素（如人格特征、智力水平、年龄、性别、文化背景等）透过对行为信念的影响，对行为态度、主观规范和认知行为控制产生间接作用，并最终影响行为意图和行为。行为态度、主观规范和认知行为控制在概念上有明显的区别，但有时它们会拥有同一个信念基础，因此它们既相互独立，又彼此关联。

从计划行为理论视角，探讨包容性领导与员工创新行为之间的作用机制，本研究认为包容性领导者通常对创新行为的支持度较高，能够积极为员工提供创新所需的资源，必要时甚至愿意承担创新的风险，进而正向影响员工看待创新行为的态度、主观规范和认知行为控制，员工会因此产生强烈的创新意愿，会更倾向于执行创新活动。

（七）特征激活理论

特征激活理论表明个体的特征是否能够被激活与“特征环境”息息相关，即“特征环境”赋予的线索会调节特征对个体行为或态度表现的影响效果（Tett，Burnett，2003）。该理论的提出，为世人阐明了工作场所中个体的人格特征是以何种方式与权变的组织情境发生有机互动，最终促使个体执行相应的工作行为并取得工作绩效的。它的基准模型在内容上主要包括四大部分：（1）特征和特征激活内涵的解释和界定；（2）情境的分层系统；（3）与特征表达有关的情境特征分类系统；（4）特征激活的反馈系统。根据特征激活理论的基准模型，特征激活的过程可以概括为以下三点：（1）个体的特征在与其相关的情境下，可通过某种方式被激活；（2）被激活的特征可使个体表现出相应的行为；（3）在特征被激活的过程中，个体会获得内在的满足感。这种内在满足感可连同工作绩效带来的外部报酬一起重新塑造个体的行为。新的工作行为又反作用于个体所处的工作情境，从而对情境与特征激活程度以及特征和工作行为之间的关系产生影响。特征激活理论的提出为理解人与情境间的动态互动关系，开辟了新的研究方向。自该理论诞生以来，在学术界特别是组织心理学领域引起广泛的关注和认可，是研究者们用以探讨外部情境与个体内部特征间互动关系的重要理论之一。

特征激活理论中的特征是个体的一种内在属性，主要指那些用于预测个体行为的、相对持久的、具有一定稳定性的特征（Tett，Guterman，2000），如个体的情感、思想和动作的特性等都可以反映个体思考和行动的过程（Funder，Colvin，1991）。不同个体的特征既具有体内一致性又存在体间差异性。一致性体现了个体心理特征的内部稳固性，即个体拥有的某项特征虽会因为时间和空间的变化，在强弱程度上发生改变，但该特征仍然一直存在。在不同的情境中，某项特征出现的频率越高，就表明该项特征对个体而言越重要。个体间的差别性是指不同的个体其自身特质不同，它是影响特征的组合形式和成分构成差异化的关键因素。不同个体在同一环境线索下的不同表现恰恰是该特征高低的体现。任何个体都是由多个不同特征组合而成的集合体，无论在特征分类还是成分占比上均体现出唯一性（Tett，Burnett，2003）。

特征激活过程就是个体内部隐藏的，处于休眠状态的特征在合适的条件和情境下被唤醒，并体现为某一具体行为的过程。这种在特征激活过程中表现出的特定行为就是“特征表达行为”。具体而言，各种形式不一的特征藏匿于个体内部，但是这些特征都具有一个共同的特点：由隐性状态转化为显性状态的欲求。只有当个体置身于与某项特征相匹配的情境状态中，在个体内部沉睡的该特征才会释放出活力。但是由于个体的特征具有内在一致性，在不同情境下，同一个体的某种特征会表现出不同的激活程度。同时，由于个体间的特征具有差异性，在同样的情境下即使是同一特征，不同个体也会表现出不一致的激活程度。因此，只有当情境为个体特征激活提供了相应的线索时，这一过程才会被实现。正如 Tett 和 Burnett（2003）所强调的“能对特征产生影响的情境应与个体的某项特征密切相关，个体的特征也应与情境提供的线索具有明显的对应关系”。特征与情境之间的相互作用和影响，会刺激个体产生相应行为。尤其是当个体在特征表达的过程中得到鼓励时，会更加努力寻求与自己特征联系紧密的情境。例如，具有内向型人格特征的个体通常喜欢平和安静的工作情景，独处的时刻更能帮助他们认清自我；而外向型人格特征的个体则更偏好热闹的场合，热衷于参加集体活动，以获取兴奋感和更多拓宽交际渠道的机会。

在个体特征激活的过程中，能够刺激特征进行表达的外部情境因素被称为特征相关线索。特征相关线索是将内部特征、外部情境和个体行为以及工作绩效进行连接的“黏合剂”，它不仅可以直接作用于个体行为，也能够在特征激活的过程中，间接触发个体的某种工作行为，还可以在工作行为和工作绩效的关系中发挥调节作用。特别的，个体在工作场所中与其个性特征相关的线索包含任务层、社会层和组织层三大层级系统（Tett，Burnett，2003）。任务层系统主要源于工作本身；社会层系统衍生于个体与工作相关的沟通过程；组织层系统则与组织文化和氛围息息相关。此外，为了更加详细地阐释特征激活过程中情境特征体现的差异性，情境特征的分类系统将情境特征分成五个部分，主要为“要求”“干扰”“限制”“释放”“催化”。“要求”是指该类情境可以激活促使个体从事积极的、有价值的活动的特征。具体可表现为工作描述中清晰准确地界定了的任务内容和工作职责，以及非正式的群体规范、组织特征等。“干扰”是指会对个体工作行为形成消极或负面影响的特征相关情境。“限制”是指会阻碍和抑制特征表达或激活效应的特征相关情境。“释放”与“限制”恰恰相反，是指偶然发生的可以消除“限制”效应的特征相关情境。“催化”是指能够加强现有激活效应的情境因素。

在以往的研究中，三类层级系统中的任务层级系统已得到广泛关注，而工作环境中的群体，特别是领导的重要影响尚未得到广泛重视。国内外已有相关研究探讨了领导的行为对个体特征激活的作用。以工作目标为导向的领导者在设定目标时注重其准确性和可行性，能够为员工提供明确的职责并且帮助员工厘清工作重点。具有高度责任感的员工在这种领导方式的影响下，可以精准地把握组织工作目标，最终实现工作绩效的提升（Colbert，Witt，2009）。彭坚和王霄等（2016）针对仁慈型领导对个体积极追随特征的激活作用进行研究，结果表明仁慈领导在积极追随特征与任务绩效的关系中发挥正向调节作用，与低仁慈型领导相比，高仁慈型领导通过鼓励、教育追随者，激发其工作潜力，促使他们更加专注地投身到工作当中，从而提升工作绩效。Strauss 等（2010）以变革型领导风格为研究出发点进行纵向研究，结果证实了领导愿景能够为职责转换开放性和员工适应性行为间关系，以及职责范围内的自我效能和工作主动性行为间关系提供特质激活的线索。据此逻辑，包容性领导在管理中通常采用以人为本的策略，设置公平公正的绩效考评，有助于在组织中营造积极的雇佣关系氛围（刘泱，朱伟，赵曙明，2016），进而有助于激发员工积极特征。

二、员工创新行为相关研究

（一）员工创新行为的内涵

内涵界定是研究的基础。以往的研究中已有不少学者对员工创新行为的内涵进行了界定，虽然不同的学者对于员工创新行为的内涵有不同的理解，但是归结起来基本都是从员工创新行为的过程以及员工个人特质、行为和产出结果方面两个视角对员工创新行为的概念进行界定的。虽然员工创新行为的内涵在学术界尚未统一，但是通过归纳分析前人对员工创新行为内涵界定的观点（见表 2.1），可以发现这些概念描述的共通之处：员工创新行为的主体是员工个体，员工创新行为是具有主动性和意识性的一种过程性行为，这一行为的对象既可以是虚拟的某种概念、思想和观点，也可以是实际存在的某种产品或服务，并且这一行为具有新颖性和价值性。

表 2.1 国内外学者对员工创新行为的内涵界定

界定视角	学者	时间	观点
员工创新行为过程视角	Kanter	1988	员工创新是员工识别问题并形成思想和解决方法，寻求新想法的支持并构建支持联盟、投建“创新模型或范例”来实现思想的过程
	Farr Ford	1990	员工在工作角色内有意识地引入有用的想法、过程、产品和流程
	Scott Bruce	1994	员工创新是包含想法的产生、推动和实行的复杂过程。由个体认知问题并形成观念，就其创意寻求援助进而尝试建立支持者联盟，将创新想法付诸实践，最终形成商品化产品或服务的多个阶段组成
	Jassen	2000	员工创新行为是由思想的产生、提升和实现三个阶段组成的复杂行为。创新的最后阶段是通过提出可以在组织、团队或工作角色中实验或最终实施的模型来实现创新思想
	Kleysen Street	2001	员工创新行为是将有益的创新予以产生、导入并应用于组织中任何层次的所有个人行动。作者认为个人创新行为的表现程度不仅指创新想法本身，还包括创新构想的产生、内容、推广及发展执行方案。个体创新是组织创新的起点
	Tsai Kao	2004	员工创新行为是指员工灵感的产生和建立，新产品、新技术和新制造工艺的实施，创新灵感的执行并形成产品或服务的一系列行为过程
	卢小君 张国梁	2007	员工创新行为可归纳为产生创新构想，并执行创新构想两个阶段的行为
	Moultrie Young	2009	创新是产生新奇的想法并应用于确切的机会
	Yuan Woodman	2010	员工创新行为是包括新思想产生和引入、实现或履行新思想的复杂行为组合
	张旭	2014	员工创新行为是指员工在组织发展中产生的创新型构想在组织创新支持的作用下形成有用的产品或服务的过程
个人特质、行为和产出结果视角	Kirton	1976	以适应—创新理论测量两种有明显区别的认知风格，即适应者（用已有概念框架来解决问题，将事情做得更好）和创新者（将这些概念框架重组，以不同方式处理问题）
	Hurt et al.	1977	将员工创新行为解释为个体希望去改变的总的意愿

资料来源：根据相关文献整理归纳。

（二）员工创新行为的测量

对员工创新行为的测量一般有三种方法：

1. 客观测量法。即利用创新投入或者创新成果来评估员工创新行为。如使用研发投入或专利数、发明数量来评估创新行为，但其中包括了个体层面、团队层面和组织层面的创新行为，而员工创新行为属于个体层面，数据难以获取，因而客观测量的方法较少得到使用。

2. 工作日志分析方法。通过对员工个体每天的工作情况进行记录，并持续较长时间的追踪，以此分析员工对创新的投入和产出。Amabile（1996）曾利用工作日志分析方法对员工创新行为进行测量研究，但这一方法操作较为繁琐，且主观性较强，因此在员工创新行为学术研究中引用较少。

3. 心理测量法。在对员工创新行为结构维度进行研究的基础上，开发出相应的测评量表，通过邀请被试者填写由测评量表组合而成的调查问卷，或是对被试者进行深度访谈的形式来对员工个体的创新行为进行评估。比较有代表性的量表有：Hocevar（1979）、Runco（1987）、Scott，Bruce（1994）、Tiemey et al.（1999）、Zhou，George（2001）、Kleysen，Street（2001）、Janssen（2005）等开发的员工创新行为量表。尽管这些量表在实证研究中表现出了较好的信度和效度，但由于这些量表对员工创新行为的结构维度认定各有差异，因此其衡量也不一致。如 Kleysen，Street（2001）开发的包含 5 个维度的员工创新行为量表，在后来的实证研究中被认为其结构效度欠佳（卢小君，张国梁，2007）。

尽管目前已涌现出很多评估员工创新行为的测评量表，但关于员工创新行为的维度及测量在理论界尚未得到较一致的观点。目前国内对创新行为的测量多是借鉴国外相对成熟的量表，对其在中国企业情境下的适应性研究，或是对国外相关量表进行本土化修订，如卢小君和张国梁（2007）在借鉴 Kleysen 和 Street（2001）所开发量表的基础上，基于中国文化背景开发了具有两个维度的创新行为测评量表。虽然近期国内关于员工创新行为的研究日益增多，但多数是在修订和改造国外经典测评工具的基础上对创新行为进行测评，如何在中国固有的“含蓄”“中庸”文化背景下，基于中国本土样本开发出适合国内企业适用的员工创新行为测量工具就显得尤为重要。

（三）员工创新行为的前因变量研究

员工创新是组织创新的动力之源（Woodman，Sawyer，1993），企业创新能力和活力都受到员工个体的影响，员工创新甚至直接关系到企业的生存和发展。因此，研究如何激发员工的创新行为对于企业的发展无疑具有重要意义。员工创新行为的前因变量是指能对员工创新行为具有促进或是抑制作用的影响因素，为了探寻激发员工创新行为的方法，国内外许多学者开始将目光聚焦于员工创新行为的前因变量研究，即从员工创新行为形成机理的视角去探究员工创新行为。综合目前国内外对员工创新行为前因变量的研究现状，可以发现前人对员工创新行为前因变量的研究主要是从以下几个视角进行探讨：

1. 从个体视角探究员工创新行为的前因变量

个体因素主要包括人格特质、知识与能力、价值观与心理状态，以及目标导向和动机（张丽华，朱金强，冯彩玲，2016）。近年来，从个人特征视角对员工创新行为进行的研究，主要是探讨员工创新自我效能感、内在动机、消极情绪、知识分享等与员工创新行为的关系。

Locke 等（1984）发现，效能信念会影响到个体的创新思考与寻求挑战的能力。Ford（1996）在构建激发个体创造行为理论的模型中，将创新效能信念视为一个关键的动机因素。Tierney 和 Farmer（2002，2004）通过实证研究后提出，创新自我效能感对员工的创新行为及创新绩效都有显著的积极作用，并且创新自我效能感比工作效能感能更好地预测员工创新行为以及创新绩效。顾远东、彭纪生（2011）基于社会认知理论，在员工创新自我效能感和员工创新行为的关系中引入了成就动机和工作卷入两个变量，构建了创新自我效能感通过成就动机和工作卷入的中介作用，进而影响员工创新行为的理论假设模型。最终研究结果表明，创新自我效能感不仅直接对员工创新行为产生影响，还通过成就动机和工作卷入的中介作用对员工创新行为产生间接影响。

关于内在动机与员工创新行为的关系，Amabile（1986）认为工作动机对员工创新行为有重要影响，创造性行为往往需要面临较多不确定性，甚至失败。因此，唯有内在动机十分强烈的员工才有足够的勇气去承担创新所带来的风险与不确定性，也只有内在动机强烈的员工才不会轻言放弃。并且，Lubart 和 Sternberg（1995）在创造力投资理论中指出，创造性动机是开发创造力所需的六大因素之一，而内在动机的激发能促使个体将所有精力集中到创造性的事情上来，因而有利于创意的产生，从而带来更多创新行为。

个体视角下的员工情感、情绪对创新行为的影响也是学者们关注的重点。一些学者认为，积极的情感有利于寻求新颖的创造性思想和行动，对员工在组织中的创新行为有积极的促进作用，反之，消极的情绪则不利于激发员工的创新行为（Clore，Schwarz，Conway，1994；Isen，1999；Fredrickson，1998，2001；Amablie，2005）。然而，有学者对此持有不同看法，认为员工的消极情感有助于问题的识别，因而对员工创新行为是具有促进作用的（Martin，1993；George，Zhou，2002）。除此之外，还有学者认为个体的情感因素与其创新绩效之间存在着一种"U"型曲线关系，但是对于两者之间呈正"U"型关系还是倒"U"型关系，学者们的观点尚不一致。持正"U"型关系观点的学者认为，极端的消极情感和积极情感能增强人的记忆力，从而帮助员工提高认知活动的广度与变化性，这对其创新绩效是有促进作用的（Talarico et al.，2004）。倒"U"型关系论的学者则认为，极端的消极情绪和积极情绪易对员工形成情感控制，从而削弱个体对手头工作的关注，进而对创新行为的产生形成阻碍，故此员工的极端情感与其创新绩效之间是一种倒"U"型曲线关系（Frijda，1986；James，Brodersen，Eisenberg，2004）。

对于知识共享与员工创新行为之间的关系，目前知识共享对员工创新行为具有正向影响的结论已得到大量实证研究的支持。由于积极参与知识分享过程中的员工能充分了解和利用彼此的信息与能力，降低了知识的获取成本，能加快自身知识积累的速率，从而推动其创新行为的产生。Bock 和 Zmud 等（2005）认为，个体的知识分享行为是组织知识创新的关键基础，因此通过建立知识管理策略来探索个人在知识创新过程中的作用是一种较好的办法，并且其重要性应该引起广泛关注。我国学者王雁飞与朱瑜（2012）的研究结果也表明，员工知识共享行为能有效促进其创新行为。在此之后，Mura 等（2013）在关怀与治疗组织员工的调查研究中证实，知识分享在影响员工创新行为的过程中扮演着积极的角色，而分享最佳实践与分享失败经验是个体创新行为中两股不同的驱动力。

2. 从领导力视角探究员工创新行为的前因变量

大量研究表明，领导者在员工创造性中发挥着重要作用（Scott，Bruce，1994；Gong，2009 ；Zhang，Bartol，2010）。更有不少学者和管理者认为，领导者的重要职责之一就是要最大限度地激发员工创新行为，从而使企业获得持续竞争优势（Zhou，Shalley，2003）。因此，越来越多的学者开始从领导力视角出发，探讨不同类型的领导与员工创新行为之间的关系。从领导力视角来看，近年来国内学者对员工创新行为的研究主要是探讨交易型领导、变革型领导，以及领导—成员交换关系对员工创新行为的影响。

Bass（1985）认为，领导风格分为交易型领导和变革型领导。交易型领导是基于交易或契约基础上，领导者根据员工的努力与绩效情况做出相应奖励或惩罚的领导风格。而变革型领导是领导与下属建立积极深厚的感情，上下属之间保持良好沟通以激发员工潜能，鼓励下属关心、追求企业共同目标的领导风格。对于知识型员工来说，创新是一个较为漫长的过程，而交易型领导是以任务为导向，更强调短期利益，因而会阻碍知识型员工的创新发展，变革型领导的领导风格则有利于激发员工创新行为。对于交易型领导、变革型领导与员工创新行为之间的关系，不同学者得出的研究结论并不一致：在变革型领导与员工创新行为的关系研究上，Jaussi 和 Dionne（2003）在以大学生为研究对象的实验室研究中得出，变革型领导对员工创新行为不存在显著的积极影响。但部分学者认为，变革型领导风格对员工创新行为有显著的预测作用，当上级采取变革型领导风格时，下属的创新活动更为活跃（Shin，Zhou，2003；Amabile et al.，2004）。冯彩玲、张丽华、时勘（2014）研究发现，在企业家导向的跨层次正向调节作用下，变革型领导正向影响并能显著预测员工创新行为，同时提出变革型领导者应明确组织目标，准确向员工传达目标，关注、激励员工创新。陈晨、时勘、陆佳芳（2015）在前人研究基础上，通过对中国科学院所属学部内科研团队中的领导者及其下属进行调研，由此进一步提出在工作复杂性较高的情况下，变革型领导能通过心理授权的中介作用促进下属的创新行为，而在工作复杂性较低的情况下，心理授权在两者之间的中介作用不显著。在交易型领导与员工创新行为的关系上，Amabile 等（2004）经过研究指出，交易型领导风格对员工创新行为有显著的预测作用。但 Lee（2008）却认为交易型领导对员工创新行为是具有显著的负向影响的。在此之后，霍伟伟和罗瑾琏（2011）又在实证研究后提出，交易型领导风格下，员工的创新行为更活跃。

领导—成员交换关系是领导者与下属之间形成的成熟领导关系或伙伴关系。关于领导—成员交换关系与员工创新行为之间的关系，在以往的研究中得到了较为一致的结论，即两者之间存在显著的正相关关系。Jassawalla 和 Sashittal（1998）认为，新产品的研发不仅需要跨功能整合，更需要领导和下属建立起合作机制，包括在关注共同发展目标的同时，实现资源共享、利益共享、观点共享、互相理解与求同存异，因此较好的领导—成员交换关系有助于员工创新。Frishammar（2005）认为，团队中形成较高的合作关系水平有利于产生创意执行与知识网络，进而提高员工创新绩效。也有研究表明，领导与成员保持高质量的领导—成员交换关系，将使员工感知到较强的创新管理支持，使他们认为自己处于一个支持创新性工作的组织整体环境内，从而推动个体的创新行为。领导—成员交换是通过组织创新氛围感知，进一步促进员工的科技创新行为的（孙锐，石金涛，张体勤，2009）。

3. 从组织文化及氛围视角探究员工创新行为的前因变量

员工所处的环境特征是其产生某种行为的重要动因。对员工来说，组织整体环境决定了其创新行为的出现或抑制，这些环境因素包括是否利于信息交流的开放和沟通，是否对创新有足够的来自高层的宣传和支持，以及是否有充足的资金和时间等资源（Kanter，2000）。因此，越来越多的学者开始从组织文化及氛围视角，着重探讨组织氛围对员工创新行为的影响。

Ramamoorthy 等（2010）在一项研究中构建并验证了影响员工创新行为的整合模型，研究结果表明，只有在浓烈的鼓励创新的组织氛围下，员工潜在的创造动机和创新行为才会被激发出来。薛玉品（2007）分别检验、比较了创造力人格、主管领导风格以及组织创新环境对员工创新行为的影响，结果发现三者中的组织创新环境因素对员工创新的影响最大。曹科岩、窦志铭（2015）也认为组织创新氛围是激发员工行为的重要情境因素。由于创新氛围浓厚的企业重视创新理念，鼓励创新创意，并积极为员工搭建学习平台，从而能对员工创新能力的培养起到潜移默化的作用。由此呼吁企业要塑造较好的创新氛围，让员工感受到来自企业高层对创新的支持，并培养员工的创新意识。除此之外，企业还应向员工提供充足的创新资源，让员工有自我发挥的空间进而重视创新，使其不断提升自身的创新动力。

4. 从人与环境交互作用的视角探究员工创新行为的前因变量

已有研究显示，个体因素与环境因素交互作用对员工的创新行为有更强的解释力，因此，近年来基于交互观点考察内外因素对员工创新行为影响的研究成为热门。这类研究不单一强调任何内部因素或是外部因素对个体创新行为的影响，而是更倾向于同时考虑内外因素对员工创新行为的综合作用效果。如 Amabile（1983）认为个体特点与工作环境特性对促进个体创造力都是非常必要的。Scott 和 Bruce（1994）认为个体的创新行为是个体、领导、工作团队以及创新心理氛围共同作用的结果。George 和 Zhou（2007）在探究组织环境与消极情感的交互作用对员工创新行为的影响时，发现在缺少支持的组织环境下，消极情感是不会促进员工创新行为的，而当组织为员工提供工作支持时，员工的消极情绪反而能激发员工创新。国内学者刘云、石金涛（2009）在研究组织创新氛围与个体激励偏好的交互作用对个体创新行为的影响时，发现外在激励偏好能正向调节组织创新氛围对员工创新行为的影响，而内在激励偏好能反方向调节组织创新氛围与员工创新行为的关系。除此之外，还有部分学者从代表个体与环境整体互动关系的人—组织匹配的角度，探究个体与环境之间的匹配程度对员工创新行为的影响（Livingstone et al.，1997；Choi，2004；杜旌，王丹妮，2009）。

表 2.2　员工创新行为的前因变量研究

研究视角	研究热点	主要研究者及年代
个体视角	创新自我效能感	Locke et al.（1984）；Ford（1996）；Tierney，Farmer（2002，2004）；顾远东、彭纪生（2011）
	内在动机	Amabile（1986）；Sternberg，Lubart（1995）
	消极情绪	Clore，Schwarz，Conway（1994）；Isen（1999）；Fredrickson（1998，2001）；Amablie（2005）；Martin（1993）；George，Zhou（2002）；Cahill et al.（2004）；Talarico et al.（2004）；Frijda（1986）；James，Brodersen，Eisenberg（2004）
	知识共享	Mom et al.（2007）；王雁飞、朱瑜（2012）；曹勇、向阳（2014）；Peyman（2015）
领导力视角	交易型领导	Amabile et al.（2004）；Lee（2008）
	变革型领导	ussi，Dionne（2003）；Shin，Zhou（2003）；Amabile et al.（2004）；冯彩玲、张丽华、时勘（2014）；陈晨、时勘、陆佳芳（2015）
	领导—成员交换关系	Jassawalla，Sashittal（1998）；Frishammar；Kathleen Boies（2006）；
组织文化及氛围视角	组织创新氛围	Kanter（2000）；Ramamoorthy et al.（2005）；薛玉品（2007）；曹科研、窦志铭（2015）
交互作用视角	个体特点与工作环境	Amabile（1983）；Scott，Bruce（1994）
	组织环境与消极情绪	George，Zhou（2007）
	人—组织匹配	Livingstone et al.（1997）；Choi（2004）；杜旌，王丹妮（2009）

三、包容性领导相关研究

（一）包容性领导的内涵

近些年来，在全球一体化的经济背景下，组织中出现了人力资源多元化等新特征，迫使以控制、等级、规则为导向的领导方式逐渐向以包容为特征的领导方式进行转化（Ylitalo，Temple，2009）。包容思想最初被运用在教育学领域，为了解决西方学校教育多元化和差异化所带来的不公平，“包容性教育”被提出，其倡导公平地对待不同种族、性别、宗教学习者，继而呼吁学校管理者采用包容的领导风格（Ainscow，Cesar，2006）。

2006年，Nembhard和Edmondson首先将“包容性”引进到关于领导的领域研究中，正式提出包容性领导这一概念，他们从行为视角出发，认为包容性领导是一种善于听取下属建议并认可下属工作表现的一种领导方式。随后，Carmeli等（2010）从互动视角出发，将包容性领导描述为领导者能够倾听和关注下属的需求，表现出开放性、有效性和易接近性的特征。Joanna（2016）认为包容性领导包含促进员工成长、乐于接受反馈、信念坚定以及乐于赋权四个特质。

国内学者对于包容性领导内涵的界定也进行了诸多研究。有学者直接借鉴国外学者的观点（高建丽，2015），也有学者是在综合国内外学者观点的基础上，归纳总结出包容性领导的内涵。譬如姚明晖和李元旭（2014）认为包容性领导具备开放、亲和、宽容与支持4个特质的领导行为。近年来，越来越多的国内学者认为中国具有源远流长的包容性文化，因此在对包容性领导的内涵进行界定时，应结合中国本土化的文化背景。譬如李燕萍等人（2012）认为包容性领导与下属之间互相影响，无论是领导对下属还是下属对领导都应该包容，并从行为角度认为包容性领导包含平衡式授权、走动式管理、渐进式创新三个具有代表性的行为。方阳春和金惠红（2014）通过深入访谈高校科研团队，认为中国情境下的包容性领导除了包括鼓励跨部门、跨学科的合作交流、培养并认可团队成员、包容并合理利用成员的优势、公平地对待员工并与其实现双赢这几个行为之外，还应包括能够包容团队成员的失败并给予指导。此外，彭伟等（2016）也基于扎根理论的研究方法，认为中国情境下的包容性领导应该分为五个维度，具体为容许犯错、容纳他人、尊重下属、认可下属以及体谅下属。

（二）包容性领导的测量

关于包容性领导的维度和测量，不同的学者对其有不一样的观点。

Nembhard 和 Edmondson（2006）认为包容性领导只有一个维度，并基于此开发了 3 个题项的单维度测量量表。Carmeli 等（2010）认为包容性领导有开放性、有效性和易接近性 3 个维度，并开发出 9 个题项的包容性领导量表。目前，这两个量表为国内外学者广泛引用，具有较高的信效度（Hirak et al.，2012）。此外，Hollander 等（2009；2012）认为包容性领导包含支持—承认、沟通—行动—公平，自我利益—不尊重 3 个维度，并开发出 16 个题项的量表。

国内学者也积极地探索了包容性领导的结构维度和测量量表。何丽君（2014）认为包容性领导包括尊重、宽容、利他 3 个维度，并基于此开发了共9 个题项的量表。姚明晖和李元旭（2014）从开放、民主、人本、公正 4 个维度出发，开发出了 12 个题项的量表。方阳春（2014）在对国内外文献梳理的基础上，基于中国情境，从包容员工的缺点和失败、认可并培养员工、公平对待员工出发，开发出包含 12 个题项的三维度量表。同时，方阳春和金惠红（2014）在此基础上，通过对国内高校科研团队的研究，构建了中国文化情境下的包容性领导量表。

表 2.3　包容性领导的测量

作者	提出时间	量表维度	具体题项
Nembhard Edmondson	2006	邀请与欣赏	上级医生会鼓励护士采用积极主动的行为； 上级医生会鼓励其他团队成员的参与； 医生不会平等重视他人的意见
Carmeli	2010	开放性	领导愿意倾听新的观点； 领导能留意新的机会，从而提高工作进程； 领导愿意讨论期待的目标以及达到目标的新途径
		有效性	如果有问题时，随时可以找领导咨询； 领导一直存在于团队中，随时可以找到他/她； 我想向领导咨询专业问题时，随时可以找到他/她
		易接近性	领导总是愿意倾听我的请求； 领导鼓励我在出现新问题时找他/她； 领导可以被找来讨论新出现的问题

续表

作者	提出时间	量表维度	具体题项
Hollander 等	2009；2012	支持—承认	领导会询问我对我自己工作的看法； 领导会对于我的工作贡献给予承认； 领导会鼓励我提问关于我自己工作的问题； 领导会让我做出关于我工作的决策； 领导会倾听来自员工的信息，即使是坏消息
		沟通—行动—公平	领导会对我怎么做我的工作表现出兴趣； 领导会关注事情怎么样，是不是正在做； 领导会提供要实现的明确目标； 领导会在所有方面贯彻应用规则； 领导会对员工认同的问题采取必需的行动
		自我利益—不尊重	领导会表现对公平的关注； 领导会做出评价使我感到羞辱； 当事情出错时，领导会在其他人面前指责我； 领导拒绝我对我自己工作的看法； 领导把我做的工作占为己有； 领导仅仅考虑他/她自己的利益
方阳春	2014	包容员工的缺点和失败	领导者能够理性地包容我的差错； 造成失误的时候，领导者能在情绪上给我理解和鼓励； 领导者能够包容我与他/她观点上的不同； 领导者善于听取我好的建议和思想
		认可并培养员工	领导者鼓励我参与决策； 领导者经常给我提供指导和建议； 领导者会公开认同和赞誉我得到的成果； 领导鼓励我用新的方法思索和解决老问题； 领导能根据我的特长合理安排我的工作
		公平对待员工	领导者支持我进行跨部门的工作交流； 领导者看重塑造具有不同早期工作经验的团队成员之间的交流气氛； 领导者尊重我的职业发展自由

（三）包容性领导的前因变量研究

回顾已有文献发现，对包容性领导的前因研究非常少。一些学者也尝试着总结了包容性领导的影响因素，主要是在领导的个体特质和组织环境两方面。

在领导的个体特质方面，Pless 等（2004）认为包容性领导首先要具备认识包容重要性的能力，并且会采用一种合作型的风格建立机制鼓励员工参与决策。Nembhard 和 Edmondson（2006）认为领导表现出的认可员工贡献将在很大程度上提高员工的包容性感知，对他人的成果和努力表示赞赏，并邀请小组成员提供投入，是其传达包容性的领导者行为。Shore 等（2011）认为领导者的价值观、战略决定方式对包容性领导的管理形成有重要影响，并强调领导者在创造包容的组织文化方面的重要性，建议领导者支持包容文化。高宏（2010）研究认为基于企业核心能力的包容性领导是一个四梯度的动态系统，其中领导的个人特质和品德处于核心地位，是第一梯度。Latino（2010）从跨文化包容性视角分析，提出具有平等观和公平观的领导会更愿意去实践包容性管理。Nishii（2013）认为多样性员工所感受到的公平对待能让员工有更高的包容性体验，感受到更大程度的归属感和自尊，因此关注能使领导者创造出更多包容性气候的个人和组织因素，意义重大。唐宁玉、张凯丽（2015）研究认为，在认知上有平等和公平观念的领导更乐于做出包容行为，领导者的个人品德、文化修养、知识水平都会对其包容性领导方式的选择产生重要影响。Wasserman 等（2008）认为领导者强调公平的管理理念会对员工包容性感知产生影响。Bernstein 和 Bilimoria（2013）认为差异性整合能提高员工的包容性体验，即对多样性采用融合和学习的方法，并注重鼓励其多数群体成员从事包容性行为，而不是政策和程序的组织。

在组织环境方面，学者研究发现组织文化、社会文化和政策规定是影响包容性管理形成的因素（Sheppard，Lewicki，Minton，1992；Kugelmass，2003）。Sheppard 等（1992）指出，制度公平与组织包容性之间存在一定关联，这要求领导对所有员工一视同仁，营造一个让不同层次的个人和团队都能感受到公平和平等的组织环境，例如共享信息、参与决策、解决冲突以及克服刻板印象等包容性文化特征。Barak 等（2001）通过对美国和以色列的科技人员进行对比分析，研究发现：与以加利福尼亚为基础的美国样本相比，以色列的雇员在决策和与工作有关的关系中有更大的包容感，认为组织的政策和程序更公平和公正，报告与工作有关的压力较少，从同事、主管和家庭那里得到更多的社会支持，并对他们的组织更有信心。Findler 等（2007）研究发现具有多样性特征的个体会更有可能经历排斥，感知到更大程度的不公平，体验更多的压力，而多样性包容氛围包括公平、社会支持等方面内容，可通过减少员工压力感，从而提高员工的包容性认知。Rayner 和 Steve（2009）认为教育环境对于塑造包容性领导具有重要作用，包括领导者对于多样性的理解、对特定问题的思考、文化价值观、社会身份等。Kugelmass（2003）研究发现：要发展一种包容的文化，必须致力于促进所有参与者全面参与的实践，而政策规定对于包容性实践有重要影响，例如教育中的平等政策要求学校领导实施包容性管理，接受不同性别、种族的学生。李艳萍等（2012）基于新生代员工视角，分析了稳定与变革、制度与情感、组织权威与员工参与等对包容性领导方式的影响。唐宁玉、张凯丽（2015）提到宏观角度的一些因素可能对包容性领导产生影响，即中国强调“以人为本”“公平正义”的社会制度和“中庸”“和而不同”的传统哲学文化会影响包容性领导的行为选择。

此外，性别、年龄、种族、教育、职位等人口学变量也会对员工的包容性感知产生影响。如 Mor Barak 等学者（1998）的研究发现，相较于其他人，男人和白人对组织的包容性感知更为强烈。Kugelmass（2003）认为性别和种族等社会因素会对包容性实践产生影响。Barak 等（2001）构建了一个多样性、包容、公平、压力、社会支持和承诺之间关系的总体模型，并通过分析发现性别和年龄会影响员工的包容性感知，年龄较大的员工与这家公司在一起的时间更长，因此在组织的内部运作方面更有经验，并更多地感受到被纳入组织决策过程。此外，种族差异对包容性领导的影响受到民族历史因素和文化差异的影响。Cho 等（2008）对韩国一家大型公司的主管与员工匹配样本进行分析，发现人口学变量特征对个体包容感知有影响，男性、老年雇员、来自主导地区的雇员以及受过高等教育和拥有更高职位的雇员拥有更强的包容性感知。此外，员工对整体工作环境的感受也可能会影响他们的包容性感知，当员工感到他们的价值观和规范得到支持，并在组织中感受到被公平对待时，他们的责任感就会增强，工作业绩也会提高。

表 2.4　包容性领导的前因变量研究

研究视角	研究热点	主要研究者及年代
领导的个体特质	领导行为	Pless et al.（2004）；Nembhard，Edmondson（2006）；Shore et al.（2011）；高宏（2010）；
	公平理念	Latino（2010）；Nishii（2013）；唐宁玉、张凯丽（2015）；Wasserman、Gallegos，Ferdman（2008）
	差异的整合	Bernstein，Bilimoria（2013）
组织环境	制度公平	Sheppard et al.（1992）；Barak et al.（2001）；Kugelmass（2003）；
	多样性氛围	Findler et al.（2007）；
	教育环境	Rayner，Steve（2009）
	政策制度	Kugelmass（2003）；李艳萍等（2012）
	社会制度与文化	唐宁玉、张凯丽（2015）
人口学变量	性别、年龄、种族、教育、职位等	Barak et al.（1998）；Kugelmass（2003）；Cho et al.（2008）

（四）包容性领导结果变量研究

国内外关于包容性领导结果变量的研究主要集中在员工个体、团队和组织三个层面上。

1. 员工个体层面

从员工个体层面来说，相关研究发现当领导表现出包容性的行为时，譬如易开放、易接近、愿意在工作中为下属提供支持和帮助，下属会表现出积极的态度和行为（Hirak et al.，2012）。其中，员工满意度、幸福感和心理安全感受到许多学者的关注，Barak 和 Cherin（1998）研究提出包容—排斥这一潜在的桥梁概念，并以 158 名工作实习生为样本进行了测试，开发了一个 14 项的“包容—排斥”量表，包括获取信息和资源、参与工作小组和影响决策过程的 3 个子维度，可以帮助我们理解来自不同背景和不同个人特征的人如何感知组织环境，包容—排斥是影响员工组织满意度的重要因素。Barak 等（2002）对多样性、包容性的感知与工作满意度和幸福感的结果变量之间的关系进行了研究，并将公平、压力和组织支持感作为控制变量，研究结果表明感知的包容性水平是工作满意度和幸福感的最强预测因素。Findler 等（2007）通过对以色列一家高科技公司的 114 名员工的样本数据进行实证分析，研究结果表明包容性领导显著正向影响员工幸福感、员工工作满意度和组织承诺，员工对包容—排斥的看法可看作个人感觉组织关键过程的一部分，包括获得信息和资源、与主管和同事的联系以及参与和影响决策过程的能力，因此必须注重包容与排斥的概念，以了解组织中多样性的个人和组织福祉。Shore 等（2011）指出，包容性领导不仅能够提高员工对组织的认同感，还能够提高员工的工作满意度。唐春勇等（2018）基于马斯洛需求层次理论和目标设置理论，以 716 名中国企业员工为样本，考察了包容性领导对员工幸福感的影响效果及作用机制，研究发现包容性领导正向影响员工幸福感，目标接纳在包容性领导与员工幸福感之间发挥部分中介作用，组织支持感调节了包容性领导与目标接纳之间的关系，并且目标接纳对包容性领导和员工幸福感的中介作用受到组织支持感的调节。Hirak 等（2012）分析了在一家大型医院收集的纵向数据，研究发现包容性领导与员工心理安全正相关，工作单位绩效调节包容性领导与员工心理安全感之间的关系，这表明领导者的包容性有助于促进员工心理安全感，从而提高工作单位绩效。因此，领导者对单位成员表现出开放性、可及性和可用性的鼓励，有助于单位成员从失败中学习，从而有可能提高他们未来的团体绩效。Yin 等（2013）利用 158 名全职员工的样本，调查了包容性领导、心理安全和领导成员交换与员工建言之间的关系，研究发现心理安全和领导成员交换部分中介了包容性领导和员工建言之间的关系，领导成员交换是包容性领导和员工建言之间关系的桥梁，这表明当领导者表现出更包容的行为时，员工会感到更安全，出于互惠交换，员工更有可能发表意见。因此，通过提高领导人与其追随者之间的社会交流关系的质量，可以使得员工认为他们与领导者的关系是信任、支持和尊重的，从而提高其工作绩效。余璇等（2019）基于关系协调理论，并对来自 15 家企业的 220 份有效问卷进行实证分析，发现包容性领导对下属心理安全感具有显著的正向影响，且包容性领导将通过高质量关系（包括共享目标、共享知识、相互尊重 3 个维度）的中介作用对下属心理安全感产生显著的正向影响。

此外，学者们关于包容性领导对员工态度方面影响的研究还涉及员工敬业度、下属揭发意愿、员工离职倾向等。简浩贤等（2017）基于组织认同视角，探讨了包容性领导对员工敬业度的影响机制和边界条件，研究结果表明包容性领导正向影响员工敬业度，其中组织认同起部分中介作用，员工的自我监控调节了包容性领导与员工组织认同之间的关系，自我监控水平越高，包容性领导与员工组织认同之间的正向关系越弱，为进一步深入理解包容性领导与员工敬业度的关系提供了新的理论视角。陈冰（2017）通过对95家企业665位员工的问卷调查，研究发现包容性领导显著正向影响员工工作敬业度，其中，组织认同中介了包容性领导对员工工作敬业度的正向关系，平衡互惠正向调节组织认同对员工工作敬业度的影响。刘燕等（2016）通过对332份在职MBA学员样本数据分析验证了包容性领导对下属揭发意愿的影响机制，研究发现包容性领导显著正向影响下属的揭发意愿，组织支持感在包容性领导与揭发意愿之间起完全中介作用，上司组织代表性调节包容性领导与下属组织支持感之间的关系，上司组织代表性调节组织支持感对包容性领导与下属揭发意愿之间关系的中介作用。马跃如、程伟波、周娟美（2014）以湖南省540名企业员工数据为样本，考察了包容性领导对员工离职倾向的影响以及心理所有权和犬儒主义的中介作用，结果发现：包容性领导与员工离职倾向具有显著的负相关关系，心理所有权和犬儒主义在二者之间具有显著的中介作用。在组织实践中，领导要重视员工的建议，对员工平等和尊重地对待，能够及时有效地与员工沟通，在决策中强调员工参与，这些行为对于降低员工的离职倾向具有重要作用。程伟波等（2014）研究发现包容性领导正向影响心理所有权，心理所有权在包容性领导与员工离职倾向、员工反生产工作行为和员工犬儒主义等员工态度和行为之间起完全或部分中介作用，包容性领导与团队凝聚力显著正相关，团队凝聚力部分中介了包容性领导与员工犬儒主义之间的关系，并在包容性领导与离职倾向、反生产工作行为和犬儒主义等员工态度和行为之间具有调节作用。

另外，国内外学者已有大量实证研究证明了包容性领导对员工行为的影响，如员工创新行为、工作投入、建言行为、知识共享行为等。Javed

（2017）通过研究巴基斯坦纺织产业的领导与下属对应关系，证实了包容性领导对员工创新行为具有显著的正向影响，同时心理安全感在中间起调节作用。Javed（2020）进一步研究发现创新自我效能感也在包容性领导与员工创新行为的关系中起中介作用。蒋灿（2017）选用国内学者方阳春对包容性领导的三维度定义，研究认为，包容性领导对员工创新行为产生了显著的正向影响，宽容度、开放度、支持度3个维度对员工创新行为也产生了显著的正向影响，在中国文化背景下，容错的理念有利于保证员工的自信心，进一步鼓励员工进行创新行为，尊重员工的职业发展自由，鼓励员工之间进行跨部门、跨专业的交流沟通，有利于员工对企业做出创新型个人决策和决策建议，支持员工在自身的行为基础上进行反思，给予员工好的建议和指导意见，使员工正确发挥自己的专长，有利于员工对企业进行有利的创新活动。陈云（2017）基于社会学习理论，构建了包容性领导、员工创新行为和员工差错沟通取向的关系模型，研究表明：（1）包容性领导风格的3个维度，即开放性、易接近性、可获得性均对员工创新行为有显著正向影响；（2）包容性领导风格的3个维度均对员工差错沟通取向有显著正向影响；（3）差错沟通取向和员工创新行为显著正相关，员工差错沟通取向部分中介包容性领导与员工创新行为之间的关系。Choi、Tran 和 Park（2015）基于6家公司的246名员工问卷调查数据，考察了情感性组织承诺和员工创造力在包容性领导与员工工作投入关系中的中介作用，研究表明包容性领导与员工工作投入、员工创造力呈正相关，情感性组织承诺中介了这种关系，即包容性领导能够通过提高员工的情感性组织承诺，提升员工工作参与性以及员工创造力。王雁飞等学者（2018）从认知—情感视角出发，证实了包容性领导对员工建言行为的正向作用。同时，包容性领导能够减少员工的消极行为。井辉（2017）基于社会交换和社会认知理论，构建了包容性领导与领导距离对员工建言行为的影响机制，提出包容性领导的开放性和易接近性两个维度对员工的促进性建言和抑制性建言行为均有显著的正向影响，员工感知的领导距离中的社会距离维度对员工的促进性建言和抑制性建言行为均有显著的负向影响，而领导距离中的关系距离维度对员工的促进性建言和抑制性建言行为均无显著影响。张琦（2016）构建了包容性领导通过员工信任影响员工沉默行为的关系模型，并通过对

311份问卷的数据分析，结果表明：（1）包容性领导对员工沉默的三个维度默许性沉默、防御性沉默和漠视性沉默具有显著负向作用；（2）包容性领导对员工信任具有显著正向作用；（3）员工信任对员工沉默的三个维度默许性沉默、防御性沉默和漠视性沉默具有显著负向作用；（4）员工信任在包容性领导与默许性沉默行为之间起部分中介作用，在包容性领导与防御性沉默、漠视性沉默行为之间中介效应显著。钟熙等（2019）探索了包容性领导对员工知识共享的作用机制，并基于185份科研人员的调查问卷进行实证研究，结果表明包容性领导显著正向影响员工知识共享，且包容性领导将通过内部人身份认知的中介作用对员工知识共享产生间接影响，该中介作用还受到组织创新氛围的调节，组织创新氛围越强，包容性领导对员工知识共享的正向影响以及内部人身份认知对员工知识共享的正向影响亦将随之增强。朱晓妹等（2016）研究了包容性领导对科研人员创新绩效的影响，并通过对20家高科技企业的356名科研人员及其直接主管的配对数据进行实证检验，研究发现包容性领导对科研人员创新绩效具有显著正向影响。责任心显著调节包容性领导与科研人员创新绩效之间的关系，而且，责任心对包容性领导与科研人员创新绩效之间的调节作用以主管信任为中介。Carmeli等（2010）使用150名员工的样本，调查了包容性领导、心理安全和员工参与创造性工作任务之间的关系。研究结果表明，包容性领导与员工心理安全感呈正相关，这反过来又促使员工更多地参与创造性工作，从而表明心理安全感在包容性领导和员工创造力之间的关系中起着中介作用，研究认为当领导者是开放的、易接近的，并可与员工讨论新的想法时，培养了一种社会环境，在这种环境中，人们认为他们在心理上是安全的，可以发表意见，并提出新颖和有用的解决方案。吴士健等（2020）从资源保存理论视角入手，基于430份领导—员工配对数据，探讨了中国文化情境下包容性领导对员工越轨创新的作用机制和边界条件，验证了心理安全感的中介作用以及员工权力距离感知、未来时间取向的双重调节作用，结果表明：（1）包容性领导显著正向影响员工越轨创新；（2）员工心理安全感在包容性领导与员工越轨创新间起部分中介作用；（3）权力距离感知负向调节包容性领导与心理安全感间的关系，未来时间取向负向调节心理安全感与员工越轨创新间的关系；（4）员工权力距离感知负向调节心理安全全感在包容性领导与员工越轨创新间的中介作用，但未来时间取向对中介变量心理安全感的调节作用不显著。

2. 团队层面

从团队层面来说，已有大量研究证明包容性领导对团队绩效有显著提升作用。彭伟，李慧，金丹丹（2016）研究证实包容性领导能够促进形成内部创新氛围，提升团队创造力和促进团队绩效，且对团队冲突存在负向影响。Cho 等（2008）利用与一家大型韩国公司的主管相匹配的 381 名员工的样本，考察了包容性领导、包容性、组织承诺和工作绩效之间的关系，研究表明所感知的领导包容性水平对组织承诺和工作绩效都有很强的预测作用。Shore 等（2011）认为一个包容型的组织可以通过消除员工充分发挥其能力可能存在的障碍，从而使员工为组织全力服务，并提出了一个 2×2 的包容框架（排斥、接受、区别、包容），认为独特性和归属感共同创造包容的感觉，具体来说，当一个独特的个体是一个被接受的群体成员，并且该群体重视特定的独特特征（“包含”单元格），独特性将为提高群体绩效提供机会。方阳春（2014）的研究表明，包容性领导风格各个维度与团队绩效之间的相关系数都显著，其中，公平对待员工、认可并培养员工对团队的任务绩效和周边绩效都有显著正向影响，包容员工观点和失败对团队任务绩效没有显著影响，对团队周边绩效具有显著影响。马跃如、段伟（2018）探讨了包容性领导对团队绩效的影响，研究结果表明：（1）包容性领导对团队绩效有正向影响；（2）团队冲突中介了包容性领导与团队绩效的正向关系：（3）任务互依性调节了包容性领导对团队冲突的影响；（4）任务互依性调节了团队冲突在包容性领导与团队绩效关系之间的中介作用。马跃如、蒋珊珊、张静（2019）进一步从团队认知的角度探讨了包容性领导对团队绩效的影响，结果表明包容性领导对团队绩效有显著的正向影响，且包容性领导将通过促进团队知识共享、构建团队交互记忆系统，进而促进团队绩效，这一双中介作用受到任务互依性的调节作用，当任务互依性高时，团队交互记忆系统和团队知识共享对团队绩效的作用更显著。Nembhard 和 Edmondson（2006）的研究认为包容性领导对医疗团队的作用比较显著，能够促进医疗团队成员参与质量改进，有助于跨学科团队克服地位差异的抑制效应，允许成员在流程改进中进行协作，具体而言，在跨学科团队中，地位较高的个体会比地位较低的个体经历更大的心理安全，领导包容性缓和了地位与心理安全之间的关系，此外，领导包容性通过正向影响员工心理安全，促进质量改进工作。Howard 等（2012）对来自 8 种初级保健做法分析的 6 个案例进行了研究，提供了 3 种医生领导行为的扩展案例插图，这些行为体现了领导的包容性，即明确征求团队意见、参与性决策、促进非团队成员的参与，研究表明有效的领导包容性可能不仅仅是一组孤立的行为，而且可能依赖于更基本的包容性取向，包容性领导行为对医疗保健团队的质量改进具有重要作用。Bernstein 和 Bilimoria（2013）研究了三种多样性视角（歧视和公平的观点，访问和合法性的观点，整合学习的视角）与各种董事会和组织层面的多样性实践和行为的关联，以及它们对少数群体董事会成员融入经验的最终影响，发现董事会包容行为、董事会包容实践、组织包容实践将促进个体的包容性感知，为非营利组织和其他组织的领导者能够更成功地创造多样性的文化，使所有团体的成员都感到完全被包容在内提供了借鉴。

3. *组织层面*

从组织层面来说，包容性领导能够促进学校教育公平、开展特殊教育与管理学生多样性（Devecchi，Nevin，2010；Granados，Kruse，2011）。Ryan（2006）认为包容性领导是有希望的领导方式之一，使我们能够在学校和社区努力实现社会正义，他指出领导的任务是让人们认识到这些不公正，并共同努力改变这些不公正，他们毫不掩饰地主张将不同能力的学生纳入主流教室，他们认为领导是实现这一目标的一种方式，要使领导与包容性理想保持一致，就需要将其视为一个公平、集体的进程，并加以组织，以促进包容性。Devecchi 和 Nevin（2010）研究认为包容性学校是一所关注所有儿童的教育、学习和成功的学校，符合不同学生群体入学和提高所有学生学业水平双重标准的学校，包容性学校领导人可以通过激励其他人努力在当地社区实施包容性学校的做法实现教育公平。Granados 和 Kruse（2011）研究了适应包容性学校环境下的战略领导风格，认为包容性领导风格有助于营造一个公平的教育环境，即所有儿童都与同龄人一起学习，在学校生活的各个方面都应考虑如何接近有特殊需要的学生。Ainscow 和 Sandill（2010）假定包容性教育的目的是消除社会排斥，这是对种族、社会阶层、族裔、宗教、性别和能力多样性的态度和反应的结果，他们认为应发挥包容性领导在促进教育公平方面的作用，需要认识到学校及其所在社区比他们所使用的知识更多，包容性发展的逻辑起点是对现有安排进行详细分析，这使得可以确定和分享良好做法，同时要注意一些对学生的参与和学习可能造成障碍的工作方式。

表 2.5　包容性领导结果变量研究

研究视角	研究热点	主要研究者及年代
员工个体	工作满意度	Barak，Cherin（1998）；Barak et al.（2002）；Findler et al.（2007）；Shore et al.（2011）
	员工幸福感	唐春勇等（2018）
	员工心理安全感	Hirak et al.（2012）；Yin et al.（2013）；余璇等（2019）
	员工工作敬业度	简浩贤等（2017）；陈冰（2017）
	下属揭发意愿	刘燕等（2016）
	员工离职倾向	Nishii，Mayer（2009）；马跃如、程伟波、周娟美（2014）
	员工创新行为	Javed（2017）；蒋灿（2017）；陈云（2017）
	员工工作投入	Choi，Tran，Park（2015）
	员工建言行为	王雁飞等（2018）；井辉（2017）
	员工沉默行为	张琦（2016）
	员工知识共享	钟熙等（2019）
	员工创新绩效	朱晓妹等（2016）
	员工创造力	Carmeli et al.（2010）
	员工越轨创新行为	吴士健等（2020）
团队	团队绩效	Ye et al.（2019）；彭伟，金丹丹（2018）；Cho 等（2008）；Shore 等（2011）
	团队质量改进	方阳春（2014）；马跃如、段伟（2018）；马跃如、蒋珊珊、张静（2019）
	团队多样性	Nembhard，Edmondson（2006）；Howard et al.（2012）；Nishii，Mayer（2009）；Bernstein，Bilimoria（2013）
组织	教育公平	Devecchi，Nevin（2010）；Granados，Kruse（2011）；Ryan（2006）；Ainscow，Sandill（2010）

（四）包容性领导的调节变量研究

国内外学者关于包容性领导发挥作用的边界探讨较少。尹奎等（2016）以来自 62 个师门的 411 名全日制在校研究生为被试对象，探讨了研究生科研角色认同对科研创造力的影响，以及导师包容性领导、师门差错管理氛围的调节作用，结果发现导师包容性领导、师门差错管理氛围在科研角色认同与科研创造力关系中均具有正向调节作用，且导师包容性领导的调节作用通过师门差错管理氛围的调节作用对研究生科研创造力产生影响。朱晓妹等（2019）以 585 名企业员工作为研究样本，实证检验了组织心理安全氛围对职业召唤的影响机制，研究结果表明组织心理安全氛围对员工职业召唤有显著正向影响，组织认同起完全中介作用，包容性领导正向调节组织认同与员工职业召唤的关系，并在组织认同的中介过程中起调节作用。马跃如等（2020）基于对 86 个团队的实证调查，探讨了团队认知多样性对团队创新绩效的影响，并检验知识共享和包容性领导在以上关系中所起的中介作用和调节作用，结果表明：包容性领导调节了团队知识共享在团队认知多样性与团队创新绩效之间的中介作用。

四、创新自我效能感相关研究

（一）自我效能感的内涵

自我效能感最早是由美国学者 Bandura（1977）提出，他认为自我效能感是指个体对自身完成所需行动并实现行为目标所需能力的信息和信念的评估。自我效能感起初被认定是某一个特定领域的概念，随着研究的不断深入，Bandura 认为某一领域的自我效能可以泛化到相关的其他领域。Schwarzer（1997）将自我效能感定义为个体在不同任务领域对于自身是否可以完成既定目标的一种总体性的自信水平，这种自我效能感不局限于某一特定领域并且属于自身内在的稳定特质。Lent 和 Brown（2006）将自我效能感定义为个体根据以往的成功经验来预测将来某一行为成功与否的认知能力。

国内学者对自我效能感的研究虽然起步较晚，但是也给出了自己的理解。陆昌勤、方俐洛和凌文辁（2003）研究认为，自我效能感具备两个特征：一是与特定任务领域相结合，自我效能感是因任务领域变换而不断改变的动态概念；二是不属于技能本身，是个人对利用已有技能实现目标的自信程度，即基于技能的能力判断。

（二）自我效能感的测量

回顾以往文献，除却在最初研究阶段，将自我效能感分为水平、广度、强度 3 个维度进行研究，现如今通常将自我效能感看作是单维度变量。

目前，学术界关于自我效能感的测量主要包括两种观点：一种是以 Bandura 为代表的与所在任务领域相关联的自我效能感量表，譬如学习自我效能感量表、建言自我效能感量表、创新自我效能感等；另一种则是以 Schwarzer 为代表的一般自我效能感量表，这类量表不具备针对性，在普通情境下均可使用。Schwarzer（1997）编制的一般自我效能感量表最初是包含一个维度 20 个题项，后经研究者不断修正，被精简为 10 个题项并在学术界被广泛使用。中文版的一般自我效能感量表也被学者们证实能够很好地适用于中国文化下的管理实践，具有较高的信效度（王才康，2001）。

表 2.6　自我效能感的测量

作者	提出时间	量表维度	具体题项
王才康	2001	单维	如果我尽力去做的话，我总是能够解决难题的； 即使别人反对我，我仍有办法取得我所要的； 对我来说，坚持理想和达成目标是轻而易举的； 我自信能有效地应付任何突如其来的事情； 以我的才智，定能应付意料之外的情况； 如果我付出必要的努力，我一定能解决大多数的难题； 我能冷静地面对困难，因为我可信赖自己处理问题的能力； 面对一个难题时，我通常能找到几个解决方法； 有麻烦的时候，我通常能想到一些应付的方法； 无论什么事在我身上发生我都能够应付自如

（三）自我效能感的前因变量

Bandura（1986）认为影响自我效能感的因素主要有四类：一是个体过去的经验，Bandura（1997）认为个体过去或成功或失败的经验是最强大的信息来源，当过去经验是成功时，自我效能感会得到提升。Gernigon 和 Delloye（2003）在对短跑任务的田径运动员进行研究时证实了 Bandura 这一观点。二是间接经验，个体通过观察周围的人实施任务的过程和结果，通过社会比较将其作为自身成功可能性判断的依据，进而影响到自我效能感的强弱。Mccullagh 和 Weiss（2002）研究认为，观察性学习是个体是否具备自我效能感的重要信息来源。三是言语评价和劝说，来自他人的支持和鼓励是增加个体自我效能感的重要因素，Peterson 等（2008）研究发现来自同事、家人和医院工作人员的鼓励有效影响了参与者对体育活动的自我效能感。四是个体的生理和情绪状态，Feltz 等（2008）研究认为运动员的生理状态（譬如健康、疲劳、疼痛等）会对他们能否完成某项任务的效能判断产生影响。至于情绪状态，消极的情感反应会降低自我效能感（Borman et al.，1993），积极情绪能够增强自我效能感（Kavanagh，Bower，1985）。

在诸多影响自我效能感的前因变量中，领导风格和行为是其中的重要前因变量。不同的领导风格对自我效能感的作用有所差异，已有研究证实了变革型领导（孟慧，2011）、共享型领导（马璐，2016）、道德型领导（高立英，2019）、包容性领导（方阳春，2014）与员工的自我效能感正向相关，而威权型领导（马璐，2018）、辱虐管理（颜爱民，2013）与自我效能感负向相关。

（四）自我效能感的结果变量

学术界对自我效能感的结果变量研究主要集中在员工的态度、行为以及绩效等方面。

关于员工态度，Mecdonald（2012）通过对企业技术人员进行研究发现，自我效能感能够提升员工满意度和加强员工的组织承诺。张慧等（2014）通过对导游的实证研究发现，自我效能感通过心理资本的中介作用间接负向影响员工离职倾向，自我效能感越高，员工的离职倾向越低。王颖和刘莎莎（2017）以619名员工为样本进行实证研究，结果表明自我效能感能够降低员工的工作倦怠。

关于员工行为，Stajkovic等（2009）研究表明，组织情境中个体的自我效能感会受到其心理状态的影响，而个体的自我效能感又会进一步影响其行为选择。刘敏等（2019）在研究感知上级信任与员工建言行为之间的关系时，发现自我效能感与建言行为正相关，并且自我效能感在感知上级信任与员工建言行为关系中起中介作用。杨皖苏等（2018）以260名企业员工为样本，研究表明自我效能感在差序式领导与员工沉默行为之间起中介作用，自我效能感与员工沉默行为之间存在正相关关系。曹威麟等学者（2012）研究表明自我效能感与员工创新行为正向相关。

关于绩效，Markman（2005）研究认为自我效能感是绩效的重要影响因素。李永周（2015）研究证实了自我效能感能够显著预测研发人员的绩效。方阳春（2014）在对包容性领导与团队绩效之间的关系进行研究时发现，自我效能感与团队绩效之间存在显著的正向关系。张伶、连智华（2017）以新生代员工为样本进行研究，发现该类员工自我效能感与创新绩效之间存在显著的积极关系。

五、心理安全感相关研究

（一）心理安全感的内涵

Schein和Bennis于1965年首次提出心理安全感的概念，他们认为，心理安全感能够减少感知到的威胁，移除变革的障碍，以及创造出“鼓励临时性的尝试，容忍失败而不报复、不放弃、不内疚”的感知，并认为心理安全感是个人对自己能够掌控变化能力的安全感与自信的程度。随着研究的不断深入，学术界发展了心理安全感的内涵和外延，衍生出了个体心理安全感、团队心理安全感和组织心理安全感。个体层面的心理安全感由Kahn（1990）首先关注到，他认为其是指员工能够在组织中自由表达观点，不需要担心自己的言论和行为对职业发展造成消极影响，反映的是个体的特征。在团队层面，Edmondson（1999）认为心理安全感是团队成员所共享的从事风险行为是安全的这一信念，反映的是团队的特征。Tynan（2005）在 Edmondson（1999）团队心理安全感的研究成果上，将团队心理安全感分为自我心理安全感和他人心理安全感。自我心理安全感的含义与 Edmondson（1999）对团队心理安全感的界定较为相同，而他人心理安全感是指个体在与他人的相处中，对他人是否安全的知觉，当感知安全时，个体会开展积极的人际互动；反之则会避而远之。在组织层面，Brown 和 Leigh（1996）认为心理安全感是影响组织氛围的重要因素，是员工所感知到的组织环境，即个体对其所处组织环境中安全程度、管理支持性和灵活性、允许自我表达的感知，反映的是组织的特征。

（二）心理安全感的测量

根据心理安全感内涵的不同，学者们设计了不同的测量量表。其中，在个体层次上，May、Gilson 和 Harter（2004）根据 Kahn（1990）对个体心理安全感的定义开发出了包含 3 个题目的个体心理安全感测量量表。Detert 和 Burris（2007）开发了与建言相关的包含 3 个测量题目的个体心理安全感量表。丛中和安莉娟（2003）编制了 16 个题项的心理安全感量表，包含人际安全感和确定控制感两个因子，分别反映个体对于人际交往过程中的安全体验、个体对于生活的预测和确定感、控制感。Tyan（2005）将团队成员个体心理安全划分为自我心理安全与他人心理安全两个成分，并开发了包含 12 个题项的量表。李宁和严进（2007）开发了在中国情境下的针对个人层面的心理安全感量表，他们在使用 May、Gilson 和 Harter（2004）量表的基础上时，考虑到由于题项较少，在正式测试中又加入了 Edmondson 关于团队安全氛围的两个项目，共包含四个题项。Liang（2012）在 Brown 和 Leigh（1996）量表的基础上，开发出测量个体心理安全感的四题项量表。团队层次上，具备代表性的量表是 Edmondson（1999）所开发的量表，其用理论和实践相结合的方法，开发了 7 个题项的团队心理安全量表。Harper 和 White（2013）在 Liang（2012）的基础上进行改编，形成了包含 8 个题项的心理安全感测量量表。此外，国内学者杨敏禧（2002）开发了五维度的团队层面的心理安全量表。吴志平、陈福添（2011）结合我国文化情境，开发了具有 4 个维度的包含 16 个题项的团队心理安全感量表。

组织层次上，目前所广泛沿用的是Brown和Leigh（1996）所开发的包括支持性管理、角色定位清晰、允许自我表达3个维度的组织心理安全感测量量表。

表 2.7　心理安全感的测量

作者	提出时间	量表维度	具体题项
May Gilson Harter	2004	单维度	我不怕在工作中做自己； 我不敢在工作中发表我的意见； 工作环境受到威胁
丛中 安莉娟	2003	人际安全感因子	我从来不敢主动说出自己的看法； 我感到生活总是充满不确定性和不可预测性； 我习惯于放弃自己的愿望和要求； 我总是担心会发生什么不测； 我从不敢拒绝朋友的请求； 遇到不开心的事，我总是独自生闷气或者痛哭； 我一直觉得自己挺倒霉的； 人们说我是一个害羞、退缩的人
		确定控制感因子	我总是担心太好的朋友关系以后会变坏； 对领导，我一般是敬而远之； 我常常担心自己的思维或情感会失去控制； 我总是“万事不求人”； 我总是担心自己的生活会变得一团糟； 我感到自己无力应对和处理生活中突如其来的危险； 我害怕与他人建立并保持亲近关系； 无论别人怎么说，我都觉得自己很没用
Tyan	2005	自我心理安全	领导对我是善意的； 领导真正在乎我； 领导尊重我的能力； 领导对我个人感兴趣； 我相信领导； 领导会为我辩护
		他人心理安全	我感到领导会为我的利益而努力； 领导需要他人支持他的想法； 在某些方面，我感到自己在乎并担忧领导的感受； 若领导受到批评，他会感到不愉快； 在某些方面，若领导受到挑战，他将会被激怒； 在某些方面，我感到如果我不同意领导的观点，他会感到不愉快

续表

作者	提出时间	量表维度	具体题项
李宁 严进	2007	单维度	我在工作中表达的都是自己的真实想法； 我不担心表达真实想法会对自己不利； 当我有不同意见时，不会遭到故意刁难； 我可以随意地表现自我； 我可以自由表达自己的想法
Liang	2012	单维度	在我的工作团体中，我可以对我的工作表达感受； 在我的工作团体中，我能够自由表达我的想法； 在我的工作团体中，表达自己的感受是受欢迎的； 在我的工作团体中，即使我有不同的观点，也不会有人责备我
Edmondson	1999	单维度	如果你在团队中犯错误，经常会受到他人反对； 团队成员能够提出问题和强硬的观点； 团队成员有时因为他人的与众不同而拒绝他们； 在团队内承担风险是安全的； 向团队内其他成员请求帮助是困难的； 团队内没有人会故意破坏我的努力成果； 与团队成员的合作过程中，我独有的技能和才干被认为是有价值的并被利用
吴志平 陈福添	2011	直抒己见	团队成员能坦诚、直来直去地沟通； 对于所定下的团队目标，团队中存有公开反对的意见； 团队其他成员能提出尖锐的问题； 团队成员不会主动对我提出建议
		互敬互重	团队成员会试着去了解别人的观点； 大部分的团队成员对新的观点或思考方式采取接纳的态度； 团队成员间彼此敬重与相互欣赏； 团队成员尊重其他成员的建议与观点
		人际冒险	团队成员向其他成员求助是一件困难的事； 在这个团队中允许犯错误； 团队成员犯了错误，其他成员会对其有异议； 团队成员有时会反对其他成员的与众不同
		彼此信任	团队成员对于彼此间的相处，采取小心谨慎的态度； 团队成员相信彼此的工作能力； 团队成员彼此相互信赖； 与团队成员合作，我的能力和专长都能得到发挥

续表

作者	提出时间	量表维度	具体题项
Brown Leigh	1996	支持性管理	我的老板对我如何完成我的工作目标很支持； 我的经理支持我的想法和完成事情的方法； 我老板给了我做我认为合适的工作的权力； 我很小心地承担责任，因为我的老板经常批评新的想法； 我可以相信我的老板支持我在这个领域的决定
		角色定位清晰	管理部门清楚地表明我的工作是如何完成的； 明确了我在工作中期望的工作责任和努力的数量； 我部门的绩效规范得到了很好的理解和沟通
		允许自我表达	我在工作中表达的感情是我的真实感受； 我可以在工作中完全独立； 我在工作中有些部分不能自由表达； 在这份工作中表达我的真实感受是可以的

（三）心理安全感的前因变量

关于心理安全感的前因变量，学者们主要是从个体特征、领导行为、组织环境因素等方面进行研究。

个体特征方面，相关研究发现具有主动型人格的个体具备较强的心理安全感，这种性格的人认为自己理所应当地去接受改变、发现问题、解决问题（Detert，Burris，2007）；具有较强学习目标导向的员工心理安全感水平会比较高（张永军，廖建桥，张可军，2010）；并且员工所感知到的个体专业地位越高，心理安全感水平越高（Nembhard，Edmondson，2006）。

领导行为方面，相关研究发现领导行为方式是影响心理安全感的最直接因素，支持性、开放性、包容性的管理风格与心理安全感正向相关（Kahn，1990；Edmondson，1999；Roberto，2002）。相关研究已经证实道德型领导（Walumbwa，Schaubroeck，2009）、真实型领导（韩翼，杨百寅，2011）、授权型领导（刘培琪，刘兵，李嫄，2018）、谦卑型领导（雷星晖，2016）、服务型领导（苗青，2009）、包容性领导（古银华，卿涛，杨付 2017）等积极的领导风格与行为均与员工的心理安全感正向相关，而辱虐管理这种消极的领导风格则与心理安全感负向相关（Liu，2016）。

组织环境方面，一些学者研究发现支持性的组织环境、人力资源管理实践等对心理安全感存在显著的影响。张燕等学者（2015）研究发现，员工的组织公平感与心理安全感正相关；袁凌等学者（2016）在探讨组织伦理氛围与员工建言行为之间的关系时，发现心理安全感在其中起到中介作用，组织关怀型、规则型伦理氛围与心理安全感正相关。此外，Chen 等（2016）探讨了集体主义导向人力资源管理实践与创新绩效的关系，发现集体主义导向人力资源管理系统会通过塑造心理安全气氛来提升创新绩效；杨陈，唐明凤，景熠（2019）的研究发现，关系型人力资源管理实践对心理安全感存在负向影响。

（四）心理安全感的结果变量

关于心理安全感的结果变量研究主要集中在员工的态度、行为以及绩效三个方面。

在员工态度方面，Kahn（1990）最早通过访谈分析提出心理安全感能够促进员工的工作投入。随后，May（2004）、Waters et al.（2016）、Lyu（2016）均通过实证研究证实了两者之间的正向关系。

在员工行为方面，大量研究发现心理安全感能够显著影响员工的积极行为，主要包括建言行为、创新行为、知识共享以及学习行为。关于建言行为，相关学者研究发现高水平的心理安全感能够有效促进员工建言行为的产生（段锦云，2012；井辉，2017），其中相比于促进性建言行为，心理安全感对抑制性建言的影响更大（Liang et al.，2012）。关于创新行为，冯永春等（2015）研究发现心理安全感能够显著促进员工创新行为的产生，其中对增量型创新行为的影响更为显著；另外，心理安全感不仅能够促进员工创新行为，还能够促进团队创新行为的产生（张毅，游达明，2014）。关于知识共享，心理安全感高的员工由于感知到组织环境是安全的，在工作中没有后顾之忧，会表现出积极的知识共享行为（Kessel et al.，2012；杨烁等，2019）。关于学习行为，Edmondson（2002）认为心理安全感高的人更加勇于挑战，不怕困难，更加积极地参与学习；唐永朝等（2014）认为心理安全感使个体更从容地面对失败，从而更加愿意做出失败学习行为。

在员工绩效方面，李宁和严进（2007）研究发现，员工的心理安全感能够通过工作聚焦、工作改进两条路径来提高员工的工作绩效。冯利伟和潘建伟（2015）研究发现心理安全感能够显著提升任务绩效和关系绩效，且对关系绩效的影响更为显著。此外，林新奇、刘彦君（2018）在对绩效考核公平与创新绩效之间的关系进行实证研究时，发现心理安全感在其中起到中介作用，心理安全感对创新绩效存在正向影响。

六、心理可得性相关研究

（一）心理可得性的内涵

20世纪90年代，Kahn（1990）指出个体在工作中表现出来的心理状态主要包括3种类型，分别是心理意义、心理安全感和心理可得性。其中，他将心理可得性定义为个体在某个特定时刻，对完成工作所需的生理、情绪及认知等资源的一种可用感知。Kahn（1990）对心理可得性的定义被大多数国内外后续研究者所采纳和沿用，不过也有学者在此定义的基础上作出了修改。例如，May等（2004）认为心理可得性指的是个体的一种信念，具体表现为个体在未开始工作前，对自己能够掌握和拥有的生理、情绪及认知等完成工作所需资源的自信程度。

（二）心理可得性的测量

Kahn（1990）是最先对心理可得性进行测量的，他提出用自我评估法来测量心理可得性，通过让员工自我评估自身能够应对完成工作的程度。随后，May等（2004）基于Kahn（1990）的建议和讨论开发出了心理可得性的五题项量表，具有较高的内部一致性，是目前为止借鉴和引用最广泛的量表之一。在后续的研究中，也有学者根据不同的情境和研究内容对May等（2004）编制的量表进行了相应的修改。例如，Binyamin和Carmeli（2010）基于对自身研究内容的考量，在May等（2004）的五题项量表基础上另加了4个题项。此外，Danner-Vlaardingerbroek等（2013）在研究个体工作后对配偶的心理可得性时，根据Kahn（1990）对心理可得性的定义自行开发了心理可得性的八题项量表，同时采用李克特七点量表计分法。

表 2.8　心理可得性的测量

作者	提出时间	量表维度	具体题项
May et al.	2004	单维度	我总是相信我能应付工作中的竞争性需求； 我总是相信我能理清工作的思路； 我总是相信我能处理好工作中出现的问题； 我总是相信我可以在工作中表现出该有/适当的情绪； 我总是相信我的身体状况能满足工作的要求
Danner-Vlaardinger-broek et al.	2013	单维度	我完全可以和我的搭档一起活动； 我没有心情和我的搭档做任何事； 在精神上，我没有完全支持我的搭档； 我完全接受我搭档想告诉我的； 在精神上，我太专注了，对我的伴侣所从事的事情不感兴趣； 我很清楚我搭档的表现； 我真的很想知道我搭档的感受； 我的想法完全集中在我的搭档身上

（三）心理可得性的影响因素和作用机制

当前对心理可得性的相关研究主要集中于其前因变量、结果变量和作为中介变量的三个方面。早先，Kahn（1990）基于对 186 名员工问卷调查收集到的数据进行描述性统计分析发现，当员工亲身参与到工作中去时，他们能够获取到更高的心理可得性；相反，脱离工作场景的个体只能获得较少的心理可得性。May 等（2004）则以一家保险公司的员工为研究对象，通过研究发现，个体的心理可得性受其可用资源程度的正向影响，个体本身拥有的心理、情绪和认知等资源能够促使个体获得更多的心理可得性，从而提高个体工作参与的积极性。此外，研究结果还表明，个体的工作外活动对个体的心理可得性有显著的负向作用，同时也进一步减少了个体的工作参与。Binyamin 和 Carmeli（2010）通过对知识型企业的员工和其直接上级领导进行配对调查发现，员工的心理可得性会受到工作压力和工作不确定性的影响，即当员工在工作场所中感知到工作压力和工作不确定性时，员工心理预期获得的资源会相应地减少。近年来，国内学者对心理可得性的相关研究也取得了一定的成果。例如，段锦云和黄彩云（2013）指出个体对权力的感知能够通过影响个体的心理可得性，从而提高个体的进谏行为。此外，李君锐和李万明（2016）的研究发现，工作自主性对员工的建言行为有显著的正向影响，并且心理可得性在两者之间起到了部分的中介作用。王慧娟（2015）基于领导力的视角，通过对高新技术、制造和教育等行业的员工进行调查。结果发现，在创造性的活动过程中，授权型领导能够赋予员工更高的工作自主性，可以提高员工的心理可得性，促进员工加大对工作的投入，从而提高员工创新性行为的可能性。

七、工作复杂性相关研究

（一）工作复杂性的内涵

Hack 和 Oldman（1975）通过构建工作特征模型指出，工作特征是指个体从事的一项工作或任务本身便具有的固态属性，一切与工作相关的因素都可以纳入工作特征的范畴。

基于 Hack 和 Oldman（1975）对工作特征模型的探讨，Dean 和 Sell（1991）在一项对生产工作的研究中指出工作特征可以细分为三个维度：工作复杂性、工作多样性和工作关系。他们认为工作复杂性是指个体从事工作所具备的心理素质要求、问题解决能力和专业技能，与体力工作相比，复杂性的工作要求更高的知识水平和工作能力（Dean，Sell，1991）。这一观点被国内外大多数学者所认同和引用。当然，随着对工作复杂性研究的深入，也有不少学者提出了自己的见解，但大多数都是基于工作特征模型，从知识与技能的角度进行研究的。例如，国内学者赵西萍和孔芳（2011）认为工作复杂性包含了工作模块的数量、工作内容的不确定性与为完成工作所需要协调配合的步骤。同时，他们也指出，在个体进行高复杂性工作的过程中，个体很难准确判断自身的能力和所拥有的资源。李光丽（2011）基于工作特性理论，从研发的角度将工作复杂性定义为员工所感知到完成工作所需要的显性知识与隐性知识。

（二）工作复杂性的维度和测量

关于工作复杂性的测量主要有以下几种代表性观点：Dean 和 Sell

(1991) 率先对工作复杂性进行测量，他们主要从工序的复杂程度、知识水平的高低程度以及问题解决的难易程度三个方面来衡量工作复杂性，同时开发了工作复杂性的3题项量表。这一维度的划分被后续大多数研究者一直沿用至今（Shaw，Nina，2004；尚玉钒，李磊，2015；Liu，2016）。此外，Zacher，Heusner，Schmitz，Zwierzanska和Frese开发了一个包含4个题项的工作复杂性测量量表。

表 2.9 工作复杂性的测量

作者	提出时间	量表维度	具体题项
Dean Sell	1991	单维度	团队的工作需求大量的专业技术知识； 团队任务中经常面临很多问题待解决； 团队接受的任务内容很复杂
Shaw et al.	2004	单维度	我的工作中需要大量的专业知识； 我的工作中需要解决较多的问题； 我的工作内容很复杂
Zacher et al.	2010	单维度	收到非常复杂的工作任务； 必须在工作中做出非常复杂的决定； 在工作中运用我所拥有的全部知识和技能； 学习工作中的新事物

（三）工作复杂性的影响因素和作用机制

工作复杂性是工作本身固有的属性，故而鲜有学者们对工作复杂性进行前因变量的研究。不过也有学者提出领导的授权度、工作的系统性以及工作的自由度对工作的复杂性和工作结果会产生一定的影响（邓玉林，2006）。

相较于前因变量研究，工作复杂性的结果变量和调节作用的研究还是取得了很多的成果。尤其是近年来，随着全球经济一体化的深入和知识经济的到来，工作内容和性质发生了翻天覆地的变化，所需要的知识水平和技能要求也越来越高。因此，工作复杂性对组织管理实践的影响愈加受管理者和学术界的重视。赵西萍和孔芳（2011）通过对科研人员进行问卷调查研究发现，工作复杂性对工作满意度有着微弱的正向影响，同时他们的研究结果也表明，工作复杂性在心理资本对员工满意度的正向影响中发挥着负向的调节作用。赵新宇等学者（2016）也基于认知评价理论，通过对985高校科研团队的科研人员及其直接上级领导进行配对调查研究，结果表明了工作复杂性正向调节领导语言框架与科研人员认知评价间的关系。此外，Liu（2016）对300名被调查者进行访谈和实证研究分析发现，工作复杂性本身具有更高的内在动机，对个体创造力的产生有一定的影响，同时它也正向调节了个体积极情绪对创造力的影响。

八、组织创新奖酬相关研究

（一）组织创新奖酬的内涵

奖酬是指企业对员工所创造的劳动价值进行购买，是激励最直接的手段和内容。Ryan和Deci（2000）认为奖酬主要分为内在奖酬和外在奖酬。Amabile等（1994）认为内在奖酬是指个体通过工作所获得的成就感、满足感、能力提升、胜任力等个人的心理感受；外在奖酬主要指个体通过工作而获得的经济性薪酬（如工资、奖金、福利等）和非经济性薪酬（如晋升、赞赏等）。在外在奖酬的基础上，根据奖酬的内容，可分为基于绩效的奖酬、基于任务的奖酬和基于创新的奖酬（Eisenberger，Shanock，2003）。基于绩效导向的奖酬，是指依据员工的绩效情况进行奖酬给予，当员工的工作绩效达到指定的绩效标准，才能获得该奖酬。基于任务的奖酬，是指依据员工的任务参与这类行为进行奖酬给予，当员工参与或完成某些指定任务，才能获得该奖酬。基于创新的奖酬，是指依据员工的创新情况给予奖酬，即依据员工的创造力情况进行奖酬给予，当员工的创新行为达到一定水平，才能获得该奖酬。

组织创新奖酬是基于创新导向的奖酬，关于组织创新奖酬的内涵界定，学术界的观点较为统一。Byron和Khazanchi（2012）将创新奖酬定义为通过收入增长和晋升（或是夸奖，赞赏）等方式使个体感知到创新绩效或创造力在组织内是被认可和奖励的。Malik等（2015）把组织对创新的奖励定义为，组织依据一定创新绩效标准，对员工个体或团队在创新绩效取得过程中的付出和表现予以价值认同的程度。

（二）组织创新奖酬的维度和测量

目前关于组织创新奖酬的测量多从实验法和问卷调查法进行展开。实验研究法主要是通过向被试者提供不同形式的基于创新的外部奖酬，通过对创新奖酬进行分组控制，测量不同水平的创新奖酬下，结果变量在不同任务或不同组的表现差异。例如，Friedman（2009）针对81名某选修课程大学生进行创新奖酬与创造力的实验研究。

问卷调查法是目前学者们所广泛使用的测量方法，并开发出了不同的测量量表。Deci（1999）针对创新导向的奖酬开发出包含8个题项的量表，受到后续研究者的广泛采用。George和Zhou（2002）开发出包含"若员工提出独特创意或开发新产品，组织会对其进行财务上的奖励"等3个题项的组织创新奖酬量表。Bare等（2003）则针对创新奖酬开发出包含"公司会对你所提出的独特想法提供奖励"等3个题项的量表。Choi（2010）在Deci（1999）、Bare等（2003）的基础上开发出包含8个题项的组织创新奖酬量表。国内学者吴江（2019）则在前人研究基础上选择"给予物质报酬""给予表扬和荣誉""给予培训机会"3个题项来测量组织创新奖酬。

（三）组织创新奖酬的结果变量

回顾以往文献发现，国内外学者对组织创新奖酬的相关研究主要集中于组织创新奖酬与创新绩效/创新行为/创造力等创新结果之间的关系。关于组织创新奖酬与创新结果之间的关系，有学者认为组织创新奖酬作为一种外部激励因素，会破坏员工的内在动机，与创新结果之间存在负相关关系（Deci，Ryan，1985）。George和Zhou（2002）的研究发现，创新奖酬会调节情绪对创新绩效的影响，当创新奖酬水平较高时，个体消极情绪对创新绩效会产生正向影响，而积极情绪对创新绩效则产生负向影响。Hennessey（2003）研究发现，奖酬削弱了个体的内在动机，进而抑制其创新行为。随着研究的发展，开始有学者研究认为组织创新奖酬对创新起到积极的作用。Eisenberger和Aselage（2009）研究认为外部奖励能够通过提供与行为相关的信息，引导员工表现出更多的创新。Kris和Shalini（2012）通过元分析发现，创新奖酬能够激发创新行为。Malik，Butt和Choi（2015）

研究发现，组织创新奖酬能够通过提高内在动机进而提高员工创新绩效，创造力自我效能感、奖励重要性在奖酬与创新绩效之间起到正向调节作用。

国内学者对组织创新奖酬与创新之间的关系也进行了诸多研究。刘宁和刘颖（2014）研究认为奖酬能够通过增强外部动机，提高动机的协同性，从而促进创新绩效。涂乙冬和陆欣欣（2017）研究发现创新奖酬通过影响创新投入进而显著影响个体主动性创造力和团队创造力。刘宁等（2019）以研发人员作为研究对象，研究发现组织创新奖酬的实施对研发人员创新行为有促进作用，员工的创新意愿在其中起到部分中介作用。

此外，也有学者研究发现组织创新奖酬作为组织激励机制的一种，能够对创新起到一定的调节作用。马君和赵红丹（2015）在研究任务意义与创造力之间的关系时，发现基于创新的奖酬在此中间起到调节作用，即当任务意义处于低位区间时，高水平奖酬比低水平奖酬更能促进任务意义转化为创造力；而高位区间的任务意义下，低水平奖酬相较于高水平奖酬更能促进任务意义到创造力的转化。吴江（2019）在对体面劳动与员工创新行为的关系进行研究时发现，组织自尊在体面劳动与员工创新行为间起中介作用，组织创新奖酬不仅正向了调节组织自尊与员工创新行为之间的关系，且正向调节了组织自尊的中介作用。

九、主动性人格相关研究

主动性人格既是一种独特的个体特质，也是对个人行为倾向的表述，相关研究多集中于心理研究领域。心理学研究提出组织层面的五大人格特质，而企业组织管理活动更关注员工个体是否具有高创造力，个体层面员工创造力亦是组织层面创造力的基础（Amabile，1988；Staw，1990）。主动性人格这一概念的最早提出是在 20 世纪 90 年代（Bateman，Crant，1993），相较于传统型员工来说，青年员工普遍具有思想开放、接受能力强、较多的新想法新观念等特点，即企业青年员工往往具备更高的创造潜能，具备良好的现代企业组织所需的创造能力与观念，即独立于大五人格特质之外的主动性人格特质的员工才是企业创造力提升的必要条件。

（一）主动性人格的内涵

主动性人格独立于心理学研究层面的大五人格模型，是指具备主动性特征的一种独特人格特质。当个体具备行为不受或少受组织情景束缚，有改变或打破外界环境影响的行为倾向时，那么该个体便表现出主动性的人格特质。研究发现具有高主动性人格的个体更易将个体实现与组织目标相结合，能够主动识别并把握组织发展机会，高效发挥其个人创造潜能。现代企业中具备主动性人格特质的员工比例越来越高，组织发展过程中积极开发引导员工主动性人格特质的体现，有利于提升组织整体创造力，更好地识别组织发展机遇，激发更多员工主动性行为，创造更多具有发展意义的改变。

现有研究表明，高主动性人格特质的员工，在其处理事物与问题的方式上更具创新性与整体性，且具备主动性人格特质的员工具有更强的创新动能（吴洁清，董勇燕，熊俊梅，曹钰，2016；商佳音，甘怡群，2009）。现代社会环境趋向于多元化、开放化，在此背景下现代企业员工便具有空前的主动性行为特质，激发员工主动性人格在员工工作生活过程中发挥出主导带动作用，以此促进现代企业员工创造力，提升企业组织生产力，最终促使企业在残酷的市场竞争中保持长足的活力。

（二）主动性人格的维度及测量

虽然心理学研究所描述组织行为特征的大五人格特质不包括主动性人格特质，但是以往研究却表明个体的这种主动性行为特征具有良好的稳定性（石变梅，2014）。研究证明在面对同样的情景或组织任务时，具备不同程度主动性人格的员工便会有不同的行为表现，并且这种表现在同等级主动性人格特质下具有一定的相似性和一致性（李晓玉，党广龙等，2018）。一般来说，受主动性人格特质主导的员工会主动地改变环境状态以符合自己的行为倾向；相反的，受非主动性人格特质主导的员工则倾向于不做改变维持现状，如同强化理论内容所诉，主动性人格特质会强化与其相符的外界环境（江红艳，杨军等，2018）。

Bateman 和 Crant（1993）根据人与环境双向作用、相互影响的观点，将主动性人格定义为个体不受情景阻力的制约，主动采取行动对周围环境产生影响的一种稳定性倾向。主动性人格概念的提出，为员工积极心理特质的研究提供了新角度。在提出概念的同时，Bateman 和 Crant 也指出，主动性人格作为一类独特的人格特征，属于一种倾向性的特质结构，存在个体差异性，并且这个差异会在个体采取行动改变环境的过程中产生效用。Bateman 和 Crant 还开发了一套包含 17 个题目的主动性人格量表，去测量个体间的差异，检验量表的心理测量学指标，探究主动性人格与大五人格特质之间的关系。研究发现，主动性人格与大五人格中的外倾性呈现正相关关系，与神经质（或情绪稳定性）呈现负相关关系，并证明了在解释个体的工作表现时，主动性人格拥有大五人格所不具备的增益效度。之后，Seibert 等和 Parker 等相继对主动性人格量表进行 10 个题目、7 个题目、6 个题目、5 个题目、4 个题目等多种不同版本的简化，答案形式简单，更便于统计分析。通过检验，研究者发现，相异的个体在主动性人格量表上的得分不同，在环境中的表现也有着很大差别。得分高者在外力环境中占据制高点，他们像是顶级的猎手能够敏感迅速捕捉到机会，并主动表现，积极采取行动直至实现预期，这些具有天然资质的人能对周围的环境产生影响，往往是在组织发展过程中提出问题、发现问题和解决问题的关键；而得分低者，是被动的角色定位者，积极性弱，不主动表现，被环境所塑造，常受外力环境的驱使不间断地去被动适应和改变甚至忍受现状（冉红琼，郭成，2012）。现阶段，人力资源管理研究领域前沿问题同样落脚于具有高预测力的主动性人格特质上。

（三）主动性人格的影响因素及作用机理

现有员工创造力研究主要有人格特质、创造过程、结果导向与创造能力四个研究方向。本研究认为结果导向或创造能力导向研究必然立足于创造主体特质与主体特殊创造过程上，即人格特质研究路径是员工创造力研究的首要聚焦点。人格特质研究主要从领导特质以及创造主体特质两个方向进行，回顾相关文献我们发现领导特质对员工创造力的研究备受学者们的关注，同时也取得了组织中领导因素对员工创造力作用机制的相关成果，但是在员工个体人格特质研究方面仍有所欠缺（朱永跃，欧阳晨慧，2019；刘楠，张凌志，2019）。特质激活理论指出企业生产活动中当员工的某种自身特质与激发创造力的某种组织氛围相匹配时，该员工特质便会反过来促进其创造力的提升，且该过程会加强员工此特质（Tett，Burnett，2003）。

激发创造力主体员工主动性人格特质对促进员工创造力，提升组织创造力有着重要理论研究意义。

主动性人格特质对员工创造力的积极影响效应已经被证实。随着相关研究的逐渐深入，主动性人格积极效应的边界条件研究逐渐兴起，更多关注主动性人格特质员工对其自身行为的作用效应，指明了研究主动性人格特质的新视角（Seibert et al.，1999）。研究过程中，我们也发现并非任何情景下主动性人格都能在提升员工创造力的过程中表现出积极作用，即在个体主动性人格特质影响其创造力产出的路径中会伴随着其他因素的影响作用，只有当个体具有强的情景控制力时，主动性的个体才会表现出较高的创造力，反之主动性人格作用就不存在明显积极促进作用（Seibert，Kraimer，2001）。基于以上研究结论发现，组织环境氛围以及主动性个体的自身变化都有可能对主动性人格效应产生影响，且该研究发现恰与 Bateman 早期研究观点一致。

（四）主动性人格的研究述评

主动性人格作为个体行为倾向视角的研究变量，其发展同样起源于心理学个体行为研究领域。主动性人格研究的兴起得益于积极心理学研究的快速发展，基于现代企业组织对创造力的强烈渴求，主动性人格特质成为现代管理研究发展的新动向。早期研究阶段主要是对具有主动性人格的个体行为表现进行探索，研究发现主动性人格对个体发展以及组织环境的引导都存在积极促进效应，如职业生涯成功（Seibert et al.，1999）、团队绩效提升（Becherer，Maurer，1999）。随着研究方法的发展，不少研究采用实证方式证实了具有主动性人格的员工个体更能有效发现并结合个人实现目标与组织发展目标，具有更明显的创造主动性，拥有强烈的自我创造性改变的责任感，包括工作绩效（Chan，2006）、创业及职业决策（Prieto，2011；邝磊等，2011）、创新动能责任感（Fuller et al.，2006）等。目前，随着学者们对员工主动性人格更深入的研究，主动性人格积极效应的边界条件成为该研究领域的主流问题。

综上，具备主动性人格特征的员工相较而言应具备良好的个人素质体现、积极正直的工作观念、和谐的组织人际关系、更高的工作胜任力和更具创造性的工作行为。员工创造力的提升一方面受员工个体主动性人格特质影响，另一方面主动性人格的作用的边际效果会受到其他变量的中间作用，实证探索主动性人格对员工创造力的影响路径，是现阶段主动性人格研究的主流方向。

十、本章小结

本章主要对社会认知理论、动机理论、资源保存理论、场域理论、计划行为理论、特征激活理论等进行深入分析，同时对包容性领导、心理安全感、心理可得性、创新自我效能感、组织创新奖酬、员工创新行为、主动性人格等关键变量的相关研究进行文献综述，为相关模型的构建提供理论的指导与支持。

第三章　包容性领导与员工创造力：心理可得性的中介作用和工作复杂性的调节作用

一、研究假设

（一）包容性领导对员工创造力的影响

员工创造力是指个体在组织中提出新颖和有用的想法，能够有效地改善组织绩效（Amabile，2012）。因此，员工创造力一直被国内外研究者们视为一种能够促进组织创新以保持组织持续发展的重要因素（Vessey，Barrett，Mumford，2014；Zhou，Hoever，2014；张亚军，肖小虹，2016）。鉴于创新过程的复杂性和不确定性，国内外研究者们普遍认为领导对员工创造力的可接纳性有利于减少员工的退缩认知和规避行为，从而有效地提高员工创造力。例如，Zhou 和 Hoever（2014）研究发现，在创造性活动过程中，当员工感知到领导的支持时，员工的心理安全感会因此得到提高，更有可能提高员工的创造力。此外，国内学者江静和杨百寅（2014）通过实证研究指出，高质量的领导—成员交换关系会通过强化员工的内在动机对员工创造力的产生起到间接作用。因此，如果领导能够淡化权力差异，接纳员工的非常规性行为，提高员工的心理安全感，那么员工就更有可能提出创新的想法。

包容性领导是一种开放式的、易接近性和可获得性的领导方式，包容性领导的关键在于是否让员工感知到领导者易于接近，且领导者愿意倾听和关注他们的需求。包容性领导擅长听取下属观点并肯定和欣赏下属的投入与贡献。因此，包容性领导是一种高质量的领导—成员交换关系，并且领导者的包容行为有利于帮助员工树立“他们的声音是有价值的”的信念，从而激发员工分享他们创新性的观点、建议，更加投入工作。中国文化中“包容”概念中的“包”强调要尊重和平等对待差异；而“容”着重强调“容错”。可见，中国文化情境下的包容性领导不仅表现为对性别、年龄等表层差异的接纳，也突出了对员工价值观、处事方法等深层差异的接纳，能够充分激发员工的潜能和活力（唐宁玉，张凯丽，2015）。而且包容性领导的“容错”行为，体现了领导者对员工差错的宽容，为员工开展创新活动提供了心理安全保障（方阳春，金惠红，2014）。由此可见，包容性的领导风格与行为能够为员工营造有利于开展创造性工作的氛围。具体而言，首先，基于社会交换理论的观点，包容性风格的领导尊重和认可员工（Dwertman，Boehm，2016），领导者的这种情感输出可以帮助建立员工和领导之间的情感纽带，从而使员工产生一种回报组织的分忧意识和责任意识（Nishii，2013），更有可能在工作中表现出更高的创造力以提升组织创新绩效，从而促成组织与员工的双赢局面。其次，中国文化具有较强的规范性，员工在工作中往往会规避风险，从而表现出程序化的行为（王辉，常阳，2017）。然而在包容性领导风格下，领导会接受员工的错误（唐宁玉，张凯丽，2015），在创造性的活动过程中，这种“容错”行为会让员工感知到创新等风险行为有安全保障，从而会积极创新（梁祺，张纯，2016）。最后，包容性领导平等对待员工，让不同背景下的员工都能够参与到组织决策中（唐宁玉，张凯丽，2015），这种行为可以增强员工的主人翁意识（Alok，Israel，2012），促使员工主动为组织的美好前景而努力开拓创新。因此，基于以上论述，提出以下假设：

H1：包容性领导对员工创造力具有显著的正向影响。

（二）心理可得性的中介作用

心理可得性本质上反映了个体对工作投入的准备状态和信心（Vinrski－Peretz，Carmeli，2011）。Reed 和 Lewin（1951）认为个体的行为是在个体和当时的环境作用下产生的，当所处环境与个体的心理目标相结合时，才能起到环境即生活空间的作用；而生活空间具有动力的作用，这种动力会驱使个体克服排斥力，沿着吸引力方向朝着心理目标前进，从而实现最终的目标。据此我们判断，在创造性活动过程中，当员工处于包容性的氛围环境之中，员工对于创新的风险意识会逐渐减弱，对可获得生理、情绪和认知等资源的感知会加强，从而为了完成工作目标更有可能表现出更多的创造力。具体而言，一方面，包容性领导能够提高员工的心理可得性。一些研究在探讨员工心理可得性的成因时发现，员工的心理可得性受员工可拥有资源程度的正向影响。例如，Russo 等学者（2016）指出，在工作场所中，组织对员工的支持可以使员工获得心理上的稳定，增强其对组织的认同感，从而让员工产生从组织中获取资源的信心。领导作为组织的代表，包容性领导始终贯彻“以人为本”的理念，尊重和平等对待员工，鼓励员工积极参与到组织决策当中（唐宁玉，张凯丽，2015），这在一定程度上提高了员工的自主工作性，提升了员工的可控制资源程度，从而让员工增强了能够满足工作需求的信念。此外，包容性领导能够接受员工不同的建议，并且能够体谅员工的错误，这有可能会减少员工在心理可得性认知上的不确定性因素（Binyamin，Carmeli，2010）。另一方面，心理可得性对员工创造力的产生有着重要影响。相关研究表明，心理可得性对个体工作投入有着重要的影响，高心理可得性可以促进个体对工作的投入（Laba，Geldenhuys，2016）。当员工感知到心理可得性时，员工的情绪认知和心理安全感知将会得到提高，因而更有可能积极地投入到工作当中，贡献自己的知识和智慧，甚至主动寻求创新以更好地完成工作目标（Vinrski－Peretz，Carmeli，2011；景保峰，2015）。相反，当员工的心理预期较低时，工作的积极性将会受到抑制，更有可能因为心理的不安全感知而采取保护和防御措施，从而降低员工的创造力。鉴于此，本研究认为，包容性领导对员工所表现出的尊重、平等、鼓励及“容错”行为，有可能会提高员工的心理可得性，继而有效地激发员工的创造力。基于以上论述分析，本研究提出以下假设：

H2：心理可得性在包容性领导与员工创造力之间起中介作用。

H2－1：包容性领导对心理可得性具有显著的正向影响。

H2－2：心理可得性对员工创造力具有显著的正向影响。

（三）工作复杂性的调节作用

工作复杂性是工作特征的一个重要维度，复杂的工作要求个体具有较高的心理素质及完成工作目标所具备的问题解决能力和专业技能（Dean，Snell，1991）。

研究指出，员工在高复杂性工作过程中对自身能力及可获取资源程度的感知受到变化（赵西萍，孔芳，2011）。在高复杂性的工作环境中，随着任务对员工知识和技能的要求越来越高，员工对工作的驾驭能力会随之降低，那么员工所承担的工作角色就会出现变化，对完成工作所需要资源的程度感知就会出现变化甚至减少；相反，在低复杂性的工作环境中，员工对可获得资源的认知相对稳定，有可能就会产生认知依赖和动机依赖，倾向于维持目前的行为和心理状态，从而不会进行扩展和投资以进行长期资源保留。在工作特征的因素当中，工作复杂性在解释员工对直接领导如何影响自身的认知和行为有着重要的作用（尚玉钒，李磊，2015）。目前，已有相关研究证实了工作复杂性等工作特征因素与领导行为的交互作用对其直接下属的影响（Whittington，2004）。Hatcher，Ross 和 Collin（1989）认为高复杂性的工作具有高认同、高自由度、高反馈、技能多元化等特点，强调开放性、易接近性、可获得性以及能够体谅员工的错误和失败的包容性领导风格，能够更好地对从事高复杂性工作的员工进行反应。因而，本研究认为包容性领导对员工可获得资源的感知程度可能会因为工作复杂性水平的不同而不同。具体来讲，首先，高复杂性的工作往往面临着失败和错误的风险，员工对可获得资源的感知程度会随之变化或者减少，而领导能够体谅员工的失败和错误的这一包容性行为恰好弥补了员工的可获得资源变化或者减少的风险。其次，包容性领导表现出很强的易接近性和可获得性，当员工在工作中出现问题或者向领导咨询专业问题时，领导都会及时反馈，而高复杂性的工作往往意味着需要更高水平的知识和技能，员工可以在领导的反馈和参与中满足其知识和技能的工作需求，继而可获得资源的水平感知得到提高。最后，包容性领导鼓励员工参与，提高员工的工作自主性，这种“开放性”的领导行为满足了从事高复杂性工作员工的诉求，他们认为领导会认可他们工作中出现的问题和意见，并可以参与到工作决策当中，这也极大地提高了员工对完成工作任务的信心，提高了员工对可获得资源的感知。相反，当员工从事低复杂性工作时，对领导的行为方式没有比较敏感的反应，这就造成了他们对可获得资源认知相对稳定的情况，从而倾向于维持目前的行为或者心理状态。因此，基于以上论述分析，本研究提出以下假设：

H3：工作复杂性调节了包容性领导与心理可得性之间的关系。即相比较于低工作复杂性，在高复杂性的工作环境中，包容性领导与心理可得性之间的正向关系更强。

（四）被调节的中介作用

从资源保存理论的角度来讲，个体对失去资源的敏感度明显高于获得资源的敏感度，当个体预期到可获得资源的变化或者减少时，其往往会保护和维护现有的资源，甚至在原先持有资源的基础上扩展资源，这种行为意味着是一种长期投资视角下的资源保留（Hobfoll，1989）。前文已述及，从事高复杂性工作的员工对可获得资源程度的认知会受到变化或者减少，因此对包容的领导方式更为敏感。而当领导的行为与风格与员工在复杂工作中的诉求相匹配时，员工完成任务的信心得到提升，感知到的资源水平也随之提高，员工为了确保能够获得这些资源，就会加大对工作的投入，并努力通过一些有效的、积极的行为来确保工作的顺利完成。而在这个过程中，员工的创造力水平有可能就会得到相应的提高。因此，本研究基于假设 H2 和假设 H3，结合上述论述，提出以下假设：

H4：工作复杂性调节了心理可得性在包容性领导和员工创造力关系间的中介作用，表现为被调节的中介作用模式。即相比较于低复杂性的工作环境，在高复杂性的工作环境中，心理可得性在包容性领导与员工创造力之间所起的中介作用更强。

本研究的理论模型如图 3.1 所示。

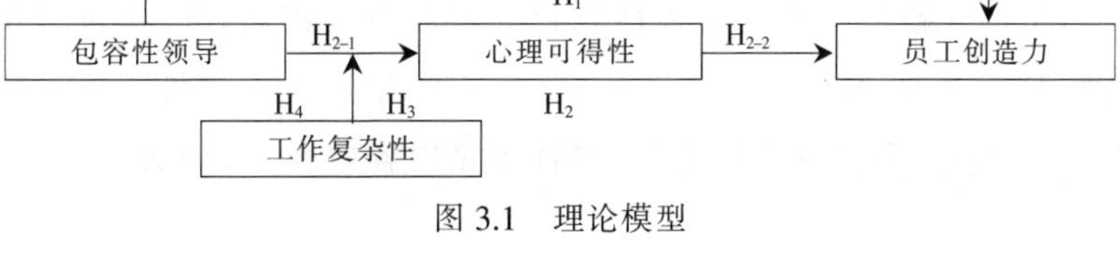

图 3.1　理论模型

二、研究设计

（一）变量测量

1. 包容性领导

根据本研究对包容性领导（inclusive leadership）的理解，本研究借鉴Carmeli 等（2010）、方阳春和金惠红（2014）开发的包容性领导量表，并从中选取其中 9 个题项来测量员工对领导包容性风格和行为的感知。同时本研究采用 Likert－5 点测量法进行评价，从 1 到 5 表示“非常不同意”到“非常同意”。具体测量内容如表 3.1 所示。

表 3.1　包容性领导测量题项

题项	题项内容
IL1	领导愿意倾听新的观点
IL2	领导总是能够抓住新的机遇去改善工作进程或者工作状态
IL3	领导鼓励我积极参与工作决策
IL4	领导愿意采纳我的建议
IL5	领导愿意参与讨论工作中出现的问题
IL6	当我在工作中遇到问题时，领导愿意为我提供帮助
IL7	当我向领导咨询问题时，领导能够为我提供专业化的建议
IL8	领导能够体谅我的失败或者错误
IL9	领导在我出现工作错误时，会给予我鼓励和支持

2. 心理可得性

本研究采用 May 等（2004）开发的有关心理可得性（psychological a-vailability）的 5 题项量表，代表性题目如“我总是相信我能应付工作中的竞争性需求”。同时本研究采用 Likert－5 点测量法进行评价，从 1 到 5 表示“非常不同意”到“非常同意”。具体测量内容如表 3.2 所示。

表 3.2　心理可得性测量题项

题项	题项内容
PA1	我总是相信我能应付工作中的竞争性需求
PA2	我总是相信我能理清工作的思路
PA3	我总是相信我能处理好工作中出现的问题
PA4	我总是相信我可以在工作中表现出该有/适当的情绪
PA5	我总是相信我的身体状况能满足工作的要求

3. 工作复杂性

本研究采用 Shaw 等（2004）开发的工作复杂性（job complexity）量表，共 3 个题项，代表性题目如“我的工作中需要大量的专业知识”。同时本研究采用 Likert－5 点测量法进行评价，从 1 到 5 表示“非常不同意”到“非常同意”。具体测量内容如表 3.3 所示。

表 3.3　工作复杂性测量题项

题项	题项内容
JC1	我的工作中需要大量的专业知识
JC2	我的工作中需要解决较多的问题
JC3	我的工作内容很复杂

4. 员工创造力

对于员工创造力（employee creativity）的测量，目前一般有两种做法，其一是直接上级评价员工，其二是员工自我测评。由于员工对自身信息的掌握较之管理者更加准确和完善，并且上级的主观评价往往不是很稳定，可能会错过真正的员工创造力（梁祺，张纯，2016）。因此本研究对员工创造力的测量采用员工自评的方式。本研究采用 Farmer 等（2003）开发的个体创造力量表，共 4 个题项，代表性题目如“我经常采用新的方法来完成工作目标”。同时本研究采用 Likert－5 点测量法进行评价，从 1 到 5 表示“非常不同意”到“非常同意”。具体测量内容如表 3.4 所示。

表 3.4　员工创造力测量题项

题项	题项内容
EC1	我会经常采用新的方法来完成工作目标
EC2	我会经常提出新颖且可行的方法来改善工作绩效
EC3	我会经常寻求新的技术、流程、工艺或创意
EC4	我会经常提出有助于改善产品质量或者工作质量的新建议

5. 控制变量

以往研究表明员工个体变量，如年龄、性别、受教育程度会对本研究涉及的四个关键变量产生影响，因此本研究也同样控制了这些变量的影响（Gardner，1993）。其中，本研究采用哑变量测量性别，即女性计为 0，男性计为 1。

（二）调查对象和调查过程

2017 年 4 月至 2017 年 8 月，调研人员针对湖南省、上海市、广东省等地的企业进行抽样调查，主要涉及互联网和制造业行业，接受调查的人员均是企业在职员工。

由调研人员联系各企业的人力资源管理人员，将电子问卷链接发送给他们并说明调研的程序和目的，问卷回收后，由调研人员进行问卷的检查和数据整理。此次问卷调查共发放 323 份，剔除空白问卷和前后填写矛盾的问卷之后获得有效样本 273 份，有效回收率为 84.520%。在这些员工之中，男性员工有 133 人，占比 48.718%，女性员工有 140 人，占比 51.282%；27 岁及以下有 182 人，占 66.667%；28 至 37 岁有 85 人，占 31.135%；38 岁及以上有 6 人，占 2.198%；硕士及以上学历 26 人，占比 13.254%，本科学历 153 人，占比 56.202%，专科学历 80 人，占比 29.323%，高中及以下学历 14 人，占比 1.221%。

（三）统计分析方法

本研究主要采用 SPSS21.0、MPLUS7.0 进行数据统计分析。第一步，利用 MPLUS7.0 通过验证性因子分析对本研究涉及的四个关键变量包容性领导、心理可得性、工作复杂性和员工创造力进行信度与效度检验，同时分析是否存在严重的同源偏差；第二步，利用 SPSS21.0 对控制变量以及四个关键变量进行描述性统计与相关性分析，为假设的验证提供基础；第三步，利用 MPLUS7.0 逐步对本研究的理论假设进行实证分析。

三、信度效度检验

（一）信度检验

本研究采用组成信度（composite reliability，简称 CR）的计算值来检验变量的信度。学者们一般都认为 CR 的阈值应为 0.7，如 Hair（1998）都认为组成信度大于 0.7 说明变量具有较高的内部一致性。也有一些学者认为组成信度至少要 0.6 以上（Bagozzi，Yi，1988）；而有部分学者建议组成信度系数 CR 为 0.5 以上都可以接受，系数低于 0.5 则说明信度较差，不能接受（Raines-Eudy，2000）。在本研究中，我们采用 0.7 作为判定标准，系数越高，则信度越高。

1. 包容性领导量表的信度检验

如表 3.5 所示，包容性领导 9 个题项的因素载荷量在 0.602～0.849 范围内，同时在 0.001 水平上显著，符合要求，且包容性领导的组成信度 CR=0.902，大于 0.7，说明包容性领导量表具有很好的内部一致性。

表 3.5 包容性领导量表信度检验结果

Item	Estimate	S. E.	Est. /S. E.	P－Value	CR
IL1	0.632	0.040	15.925	0.000	
IL2	0.660	0.038	17.543	0.000	
IL3	0.716	0.033	21.760	0.000	
IL4	0.713	0.033	21.476	0.000	
IL5	0.602	0.042	14.389	0.000	0.902
IL6	0.745	0.031	24.420	0.000	
IL7	0.849	0.021	40.006	0.000	
IL8	0.752	0.030	25.255	0.000	
IL9	0.712	0.033	21.412	0.000	

2. 心理可得性量表的信度检验

如表 3.6 所示，心理可得性 5 个题项的因素载荷量在 0.529～0.740 范围内，同时在 0.001 水平上显著，符合要求，且包容性领导的组成信度 CR=0.770，大于 0.7，这就说明了心理可得性量表具有很好的内部一致性。

表 3.6　心理可得性量表信度检验结果

Item	Estimate	S. E.	Est. /S. E.	P－Value	CR
PA1	0.612	0.048	12.725	0.000	0.770
PA2	0.598	0.049	12.244	0.000	
PA3	0.681	0.044	15.401	0.000	
PA4	0.529	0.053	10.002	0.000	
PA5	0.740	0.041	17.987	0.000	

3. 工作复杂性量表的信度检验

如表 3.7 所示，工作复杂性 3 个题项的因素载荷量在 0.585～0.771 范围内，同时在 0.001 水平上显著，符合要求，且包容性领导的组成信度 CR=0.718，大于 0.7，说明工作复杂性量表具有很好的内部一致性。

表 3.7　工作复杂性量表信度检验结果

Item	Estimate	S. E.	Est. /S. E.	P－Value	CR
JC1	0.672	0.081	8.264	0.000	0.718
JC2	0.585	0.076	7.715	0.000	
JC3	0.771	0.070	6.719	0.000	

4. 员工创造力量表的信度检验

如表 3.8 所示，员工创造力 4 个题项的因素载荷量在 0.646～0.799 范围内，同时在 0.001 水平上显著，符合要求，且包容性领导的组成信度 CR=0.817，大于 0.7，说明员工创造力量表具有很好的内部一致性。

表 3.8　员工创造力量表信度检验结果

Item	Estimate	S. E.	Est. /S. E.	P－Value	CR
IC1	0.646	0.043	14.986	0.000	0.817
IC2	0.799	0.034	23.431	0.000	
IC3	0.716	0.039	18.303	0.000	
IC4	0.738	0.037	19.873	0.000	

（二）效度检验

1. 内容效度检验

内容效度主要是指所测的量表是否能够完全包涵变量的内容（Lynn，1986）。前文已述及，本研究对涉及的 4 个关键变量量表的选取均是借鉴国内外成熟的量表，且以往很多研究都验证了这些量表具有较高的信效度，因而本研究认为所选取的量表具有较好的内容效度。

2. 收敛效度检验

收敛效度主要是指测量同一变量的不同问题的有效性程度（Fornell，Lacker，1981）。常用的收敛效度检验方法主要是根据平均方差萃取量（Average Variance Extracted，简称 AVE）的大小判断观察变量的累积方差解释率是否超过误差方差。通常情况下，学者建议 AVE 的阈值为 0.5，即当 AVE 值大于 0.5 时，变量具有较高的收敛效度（Fornell，Lacker，1981）。除此之外，也有学者认为 AVE 值在 0.3～0.5 之间，是可以接受的（Bagozzi ，Yi，1988）。本研究根据以往学者的建议，认为 AVE 值处于 0.3～0.5 范围内可以接受，大于 0.5 说明收敛效度良好。

如表 3.9 所示，本研究对 4 个关键变量分别进行了 AVE 值计算。由表 3.9 可知，包容性领导和员工创造力 2 个变量的 AVE 值大于 0.5，心理可得性和工作复杂性 2 个变量的 AVE 值处于 0.3～0.5 之间，处于可接受范围内。总体而言，本研究涉及的 4 个关键变量的收敛效度较好。

表 3.9 收敛效度检验结果

变量	Item	Estimate	SMC	AVE
包容性领导	IL1	0.632	0.399	0.507
	IL2	0.660	0.436	
	IL3	0.716	0.513	
	IL4	0.713	0.508	
	IL5	0.602	0.362	
	IL6	0.745	0.555	
	IL7	0.849	0.721	
	IL8	0.752	0.566	
	IL9	0.712	0.507	
心理可得性	PA1	0.612	0.375	0.405
	PA2	0.598	0.358	
	PA3	0.681	0.464	
	PA4	0.529	0.280	
	PA5	0.740	0.548	
工作复杂性	JC1	0.672	0.452	0.463
	JC2	0.585	0.342	
	JC3	0.771	0.594	
员工创造力	EC1	0.646	0.417	0.528
	EC2	0.799	0.638	
	EC3	0.716	0.513	
	EC4	0.738	0.545	

3. 区分效度检验

区分效度主要是指不同变量的测量表现出的差异化程度的大小（Simonni，1999）。常见的检验区分效度的方法有两种。其一，比较每个变量的平均方差萃取量（AVE）的平方根与其他变量间的相关系数的大小，如果前者远大于后者，则说明不同变量之间具有较高的区分效度（Fornell，Larcker，1981）。其二，通过 SEM 测量模型，比较由不同变量组成的模型的拟合优度指标，若研究模型显著优于其他替代模型，则同样说明不同变量之间具有较高的区分效度（Podsakoff，Mackenzie，Lee，2003）。本研究拟采用以上两种方法对所测量表进行区分效度检验。

第一种方法检验结果见表 3.10。由表 3.10 可知，4 个变量 AVE 值的平方根（对角线加粗部分）均明显大于其和其他变量间的相关系数，这就说明本研究采取的 4 个变量之间具有较好的区分效度。

表 3.10　区分效度检验结果

变量	区分效度			
	IL	PA	JC	EC
包容性领导	(0.712)			
心理可得性	0.150***	(0.636)		
工作复杂性	0.132*	0.138**	(0.680)	
员工创造力	0.168***	0.163***	0.096**	(0.727)

注：*** 表示在 0.001 水平上显著，** 表示在 0.01 水平上显著，* 表示在 0.05 水平上显著，下同。对角线为 AVE 的平方根值，下三角为变量间的相关系数。

第二种方法检验结果见表 3.11 和表 3.12。首先是对每个变量分别进行验证性因子分析，选取 X^2/df、*RMSEA*、*TLI*、*CFI*、*SRMR* 作为拟合优度指标，结果见表 3.11。其中，X^2/df（卡方自由度比）一般而言在 1～3 范围内较好，小于 4 都可以接受（Hu，Bentler，1998）；*TLI* 和 *CFI* 两项指标建议值为 0.9 以上是优秀（Hu，Bentler，1999）；*RMSEA* 和 *SRMA* 两项指标的临界值一般以 0.1 为标准，小于 0.1 视为良好（MacCallum et al.，1996）。由表 3.11 可知，除了员工创造力的 X^2/df 值（3.001）稍大于 3 外，其他指标都非常理想，说明本研究采用的每个变量的区分效度较好，为以下测量变量间的区分效度奠定了基础。

为验证变量间的区分效度，本研究通过同源同质合并和因果链合并等方法排列出其他三种替代模型，结果如表 3.12 所示。研究所采用的标准模型为包容性领导、心理可得性、工作复杂性和员工创造力的四因子模型。单因子模型是将包容性领导、心理可得性、工作复杂性与员工创造力 4 个变量全部整合成一个因子。二因子模型是将包容性领导、工作复杂性和心理可得性整合成一个因子。三因子模型是将工作复杂性和心理可得性整合成一个因子。结果显示，四因子模型的拟合度较好（$X^2/df=1.900$，$RMSEA=0.057$，$TLI=0.919$，$CFI=0.930$，$SRMR=0.046$），且显著优于其他三种替代模型，说明了本研究所涉及的4个主要变量具有较好的区分效度，确实是4个不同的变量。

表3.11 量表拟合指标检验结果

变量	X^2/df	RMSEA	TLI	CFI	SRMR
包容性领导	2.836	0.073	0.938	0.953	0.036
心理可得性	0.513	0.001	1.016	1.000	0.014
工作复杂性	0.000	0.000	1.000	1.000	0.000
员工创造力	3.001	0.086	0.967	0.989	0.019

表3.12 验证性因子分析检验结果

模型	因子	X^2	df	X^2/df	RMSEA	TLI	CFI	SRMR
四因子模型	IL PA JC IC	347.613	183	1.900	0.057	0.919	0.930	0.046
三因子模型	IL PA+IC JC	589.962	186	3.172	0.089	0.832	0.846	0.063
二因子模型	IL+PA+IC JC	694.727	188	3.695	0.099	0.758	0.783	0.076
单因子模型	IL+PA+JC+IC	739.471	189	3.913	0.103	0.738	0.765	0.079

四、同源偏差检验

同源偏差指的是同样的数据来源、同样的测量环境等造成的人为的共变（周浩，龙立荣，2004），而这种人为的共变对研究结果会产生一种系统误差。本研究采用的数据主要是问卷调查所得，尽管采用了匿名测量、分组测量等程序控制的方式尽量降低同源偏差的影响，但仍有必要通过数据检验的方式对测量所得数据进行同源偏差的检验。

本研究主要是采用Harman单因子检验法进行同源偏差的检验。具体做法是利用主成分因子分析法，按照特征值大于1的标准，将所有变量同时整合纳入进行整体分析并检验未旋转的因子分析结果，如果只析出一个因子或某个因子的解释力达到或者超过了50%，则说明这些变量存在非常严重的同源偏差（Eby，Dobbins，1997）。本研究按照上述方法进行了检验，结果显示共析出了4个共同因子，且第一个共同因子解释累积总方差的

31.324%，小于50%。根据检验结果可知，本研究采用的数据并不存在严重的同源偏差。

五、描述性统计与相关性分析

（一）描述性统计分析

为了进一步了解本研究采用的4个关键变量的分布情况及总体趋势，本研究主要运用均值、标准值、极小值、极大值对这4个变量进行描述性统计分析，另外还采用峰度和偏度2个指标检验所测数据是否符合正态分布。其中，当偏度绝对值小于3且峰度绝对值小于8时，说明样本数据符合正态分布（吴明隆，2003）。结果如表3.13所示，各个量表的描述性统计数据符合预期，且都符合正态分布。

表3.13　描述性统计分析结果

变量	统计量	极小值	极大值	均值	标准差	偏度	峰度
包容性领导	323	1.78	5.00	3.711	0.626	−0.390	0.879
心理可得性	323	1.40	5.00	3.967	0.516	−0.853	3.792
工作复杂性	323	1.00	5.00	3.819	0.591	−0.734	2.030
员工创造力	323	1.00	5.00	3.713	0.587	−0.444	1.840

（二）相关性分析

本研究采用Pearson系数检验变量之间是否存在相关关系，结果如表3.14所示。一般情况下，当Pearson系数的绝对值越接近1，变量之间的相关性越强；当Pearson系数的绝对值越接近0，相关性则越弱。当Pearson系数为正时，变量之间是正相关关系；当Pearson系数为负时，变量之间是负相关关系。

由表3.14可知，包容性领导与员工创造力之间显著正相关（$r=0.168$，$p<0.001$），由此假设1得到初步支持；包容性领导与心理可得性之间显著正相关（$r=0.150$，$p<0.001$），心理可得性与员工创造力之间显著正相关（$r=0.163$，$p<0.001$），由此假设2得到初步支持；工作复杂性与心理可得

性之间显著正相关（$r=0.138$，$p<0.01$）；工作复杂性与员工创造力之间显著正相关（$r=0.096$，$p<0.01$）。此外，分析结果表明，本研究所引入的控制变量年龄、性别、受教育程度并没有对相应的研究变量同时产生显著性的影响，因此在后续的分析中将不再引入。

表 3.14　相关性分析结果

变量	IL	PA	JC	EC
包容性领导	—			
心理可得性	0.150***	—		
工作复杂性	0.132*	0.138**	—	
员工创造力	0.168***	0.163***	0.096**	—
年龄	−0.097	−0.146*	−0.121*	0.003
性别	−0.139*	−0.086	−0.091	0.053
受教育程度	0.180**	0.073	0.192*	0.090

六、假设检验

本研究采用 MPLUS7.0 分析软件对四个假设：包容性领导对员工创造力的直接效应、心理可得性的中介效应、工作复杂性的调节效应以及有调节的中介效应进行检验。

（一）直接效应检验

本研究建立了包容性领导与员工创造力的直接效应模型（见图 3.2），MPLUS 程序见程序 1。

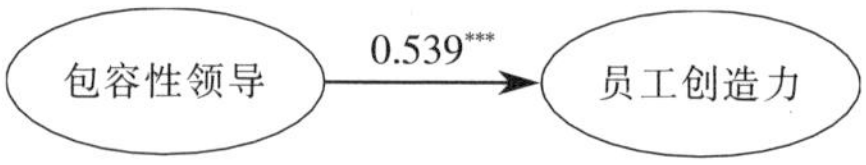

图 3.2　直接效应路径系数

（程序 1）

```
DATA:
VARIABLE: NAMES ARE IL EC;
MODEL: EC ON IL;
OUTPUT: STDYX
```

结果显示：包容性领导对员工创造力的直接效应系数显著（$\beta=0.539$，$p<0.001$），这说明包容性领导对员工创造力具有显著的正向影响，假设 H_1 得到验证。

（二）中介效应检验

对于中介效应的检验方法众说纷纭，最传统的方法是根据 Baron 和 Kenny（1986）提出的逐步回归的三步法。具体做法是：第一步，检验自变量对因变量的回归影响；第二步，检验自变量对中介变量的回归影响；第三步，将自变量、中介变量和因变量同时纳入模型，做整体检验，观察回归系数是否显著，从而判断中介效应是否存在。这一方法得到了很多学者的沿用，但是目前有部分学者提出了质疑。温忠麟和叶宝娟（2013）认为自变量与中介变量、中介变量与因变量的回归系数是否显著与中介效应是否存在并没有必然的联系。Zhao 等（2010）提出用 Bootstrap 取样法选择偏差校正的非参数百位法来检验中介效应的存在，如果中介效应的检验结果显示在置信区间不包括 0，则表明中介效应存在。

本研究结合以上两种方法，首先构建心理可得性的中介效应模型，然后根据 Zhao 等（2010）对中介效应检验方法的建议，采用 Bootstrap 法检验，并将随机抽取的样本量设定为 5000，中介效应模型见图 3.3，MPLUS 程序见程序 2，Bootstrap 检验结果见表 3.15。

图 3.3　中介效应路径系数

（程序 2）

```
DATA：
VARIABLE：NAMES ARE IL PA EC；
MODEL：PA ON IL；
    EC ON IL PA；
MODEL INDIRECT：
```

```
    EC IND IL；
ANALYSIS：TYPE IS GENERAL；
    ESTIMATOR IS ML；
BOOTSTRAP ARE 5000；
OUTPUT：SAMPSTAT
STDYX CINTERVAL（BOOTSTRAP）
```

表 3.15 主效应及中介效应检验结果

效应	系数	估计值		95%置信区间	
	Est	*SE*	*Z*	下限	上限
总效应 *IL*→*EC*	0.556***	0.061	9.158	0.437	0.674
直接效应 *IL*→*EC*	0.346***	0.046	4.576	0.120	0.299
间接效应 *IL*→*PA*→*EC*	0.209***	0.073	4.736	0.203	0.490

注：表格中的系数均为标准化系数。*Est* 表示简单斜率估计值，*SE* 表示标准误差，$Z=Est / SE$.

由图 3.3 可知，包容性领导对心理可得性的影响系数显著（$\beta=0.520$，$p<0.001$），假设 H_{2-1}得到验证；心理可得性对员工创造力的影响系数显著（$\beta=0.402$，$p<0.001$），假设 H_{2-2}得到验证；包容性领导对员工创造力的影响系数显著（$\beta=0.346$，$p<0.001$）。由表 3.15 可知，当在包容性领导与员工创造力的直接效应模型中引入心理可得性这一中介变量时，中介效应的系数显著（$\beta=0.209$，$p<0.001$），并且在 95%置信区间为［0.203，0.490］，不包括 0，由此可以表明心理可得性在包容性领导与员工创造力之间的中介作用存在，且在两者之间起部分中介作用，因此假设 H_2 得到进一步验证。

（三）调节效应检验

本研究在包容性领导对心理可得性的影响模型中纳入包容性领导与工作复杂性的交互项，构建调节效应模型，检验交互项对心理可得性的回归影响（如图 3.4 所示）。MPLUS 程序见程序 3。

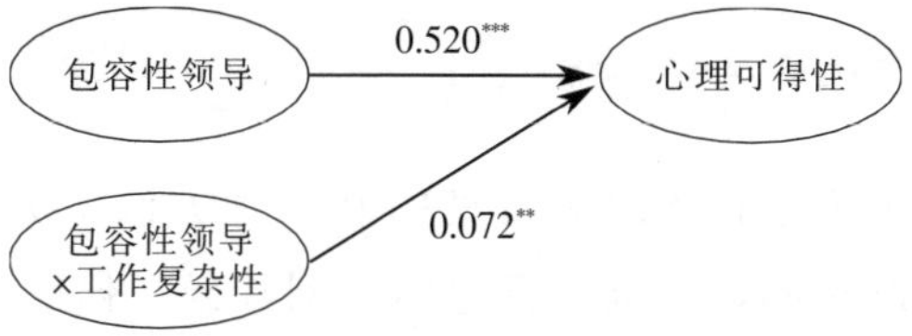

图 3.4　调节效应路径系数

DATA：　　　　　　　　　　　　　　　　　　　　　　（程序 3）

VARIABLE：*NAMES ARE IL PA IL PA*；

MODEL：*PA ON IL ILPA*；

OUTPUT：*STDYX*

由图 3.4 可知，包容性领导与工作复杂性的交互项对心理可得性的影响系数显著（β=0.072，p<0.01），说明工作复杂性在包容性领导与心理可得性之间的调节作用存在，且起正向调节作用。为了更加清晰地展示在不同水平的工作复杂性环境下包容性领导对心理可得性的影响，本研究将工作复杂性的均值加减一个标准差，并将样本分成高工作复杂性和低工作复杂性两个样本，分别计算回归方程，当样本为高工作复杂性时，斜率为 0.462；当样本为低工作复杂性时，斜率为 0.385。由图 3.5 可知，相比较于低工作复杂性，在高工作复杂性的情况下，包容性领导对员工心理可得性的影响更大。由此，综上所述，工作复杂性正向调节了包容性领导对心理可得性的影响，即假设 H_3 得到验证。

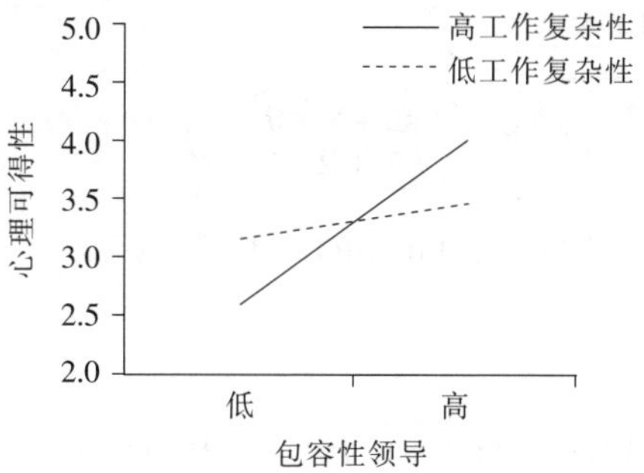

图 3.5　工作复杂性对包容性领导和心理可得性的调节效应

（四）被调节的中介效应检验

以往检验被调节的中介效应常见的有三种方法，分别是依次检验法（Muller，Judd，Yzerbyt，2005；温忠麟，刘红云，侯杰泰，2012）、条件间接效应分析法（中介效应差异法）（MacKinnon，Lockwood，Hoffman，2002）、系数乘积检验法（Preacher，Hayes，2004；方杰，张敏强，2012）。温忠麟和叶宝娟（2014）对这三种方法进行了系统的比较。他们认为，依次检验法的错误率较低，但检验力也较低；中介效应差异法检验力较高，但检验方法最复杂，同时也伴随着较高的错误率；而系数乘积检验法随着 MPLUS 程序的开发，检验方法较为简单，同时检验力也较高。

针对以上所述，采取系数乘积检验法检验被调节的中介效应是否存在，利用 Bootstrap 法（5000 次）检验系数乘积的置信区间是否包括 0，并计算在工作复杂性的均值及均值上下一个标准差处的中介效应值。研究结果如下：被调节的中介效应模型见图 3.6，MPLUS 程序见程序 4。

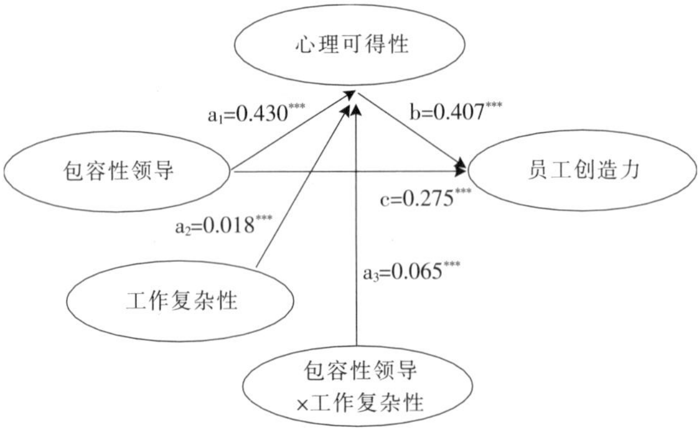

图 3.6 被调节的中介效应路径系数

（程序 4）

```
DATA:
VARIABLE: NAMES ARE IL PA JC IC ILJC;
ANALYSIS: BOOTSTRAP ARE 5000;
MODEL: PA ON IL (a1) JC (a2) ILJC (a3);
    IC ON PA (b) IL (c);
```

MODEL CONSTRAINT：

$H = a_3 * b$；

OUTPUT：*CINTERVAL*（*BOOTSTRAP*）

结果显示，当将心理可得性、工作复杂性及包容性领导和工作复杂性的交互项同时引入包容性领导与员工创造力的基础模型时，心理可得性对员工创造力的影响系数显著（$b=0.407$，$p<0.001$），包容性领导与工作复杂性的交互项对心理可得性的影响系数显著（$a_3=0.065$，$p<0.001$），且Bootstrap法检验结果显示，包容性领导与工作复杂性的交互项对心理可得性与心理可得性对员工创造力两者之间的系数乘积在95%的置信区间为[0.017，0.040]，不包括0，因此假设H_4得到验证，且被调节的中介效应系数为$a_3 * b=0.026$。结合图3.6路径系数，当引入工作复杂性后，包容性领导通过心理可得性对员工创造力的效应方程为a_1b+a_3b（JC）$=0.175+0.026$（JC），当工作复杂性分别取均值和上下一个标准差值时，即3.819、3.228和4.410，中介效应分别为0.259、0.274和0.290，因为包容性领导对员工创造力的总效应为0.556，故中介效应分别占了总效应的46.583%、49.281%和52.158%。

七、研究结论与管理启示

（一）研究结论

基于场域理论和资源保存理论，以心理可得性和工作复杂性分别作为中介变量和调节变量，构建一个有调节的中介作用研究模型，重点讨论了包容性领导与员工创造力之间的关系及其内在作用机制，并通过实证分析的研究方法对本研究提出的问题进行假设的验证。研究结论主要包括：

1. 包容性领导对员工创造力具有显著的正向影响。即企业领导者越多地表现出包容的领导风格和行为，员工的创造力就越能得到有效地激发。

2. 心理可得性在包容性领导与员工创造力之间起到了部分中介作用。即当企业领导者表现出包容的领导风格和行为时，会使得员工的心理可得性水平越来越得到提高，而心理可得性水平的提高，又正向影响了员工的创造力水平。

3. 工作复杂性正向调节了包容性领导对员工创造力的影响。即当员工所从事工作的复杂程度处于较高水平时，包容性领导对员工心理可得性水平的提升越来越大；反之，当员工所从事工作的复杂程度处于较低水平时，包容性领导对员工心理可得性水平的提升作用越来越小。

4. 包容性领导通过心理可得性对员工创造力的间接效应受到了工作复杂性的正向调节。即相比较于低复杂性的工作环境，在高工作复杂性的工作环境中，心理可得性在包容性领导与员工创造力之间所起的中介作用更强。

（二）理论贡献

第一，本研究从中国文化情境的独特视角对包容性领导与员工创造力之间的关系进行模型构建与实证分析。其一，丰富了包容性领导的内涵及行为方式的研究，拓展了包容性领导的本土化理论研究；其二，完善了目前包容性领导与员工创造力两者之间关系实证研究缺乏的不足；其三，延伸和扩展了领导风格和行为与员工创造力之间的关系研究。

第二，以往相关研究是基于心理安全感的中介视角来探讨包容性领导对员工创造力的作用机制。作为包容性领导，领导者采取“兼容并包”的态度对待员工，这种对员工进行的高质量互动，使得员工感受到尊重和平等，能够大大提高员工完成工作任务的心理预期，从而加大对工作的投入。因此，作为个体对可获得生理资源和物质资源认知的心理可得性，以其为中介变量，很好地诠释了这种高质量的领导—成员互动关系的内在机理，同时也拓展了包容性领导与员工创造力之间的内在作用机制。

第三，本研究尝试引入工作复杂性这一工作特征变量作为调节变量，构建一个被调节的中介作用模型，发现工作复杂性在包容性领导通过心理可得性促进员工创造力之间起正向的调节作用。以往对于领导风格与员工行为的关系研究偏向于关注员工的个体特质方面，而对工作特征方面的因素则缺乏关注。事实上，从资源保存的理论来看，尽管员工处于高质量的领导—成员关系当中，工作的难易程度也会影响员工心理可得性的敏感性，从而影响员工创造力的产生。因此，本研究选取工作复杂性作为包容性领导通过心理可得性促进员工创造力的调节变量，不仅丰富了包容性领导与心理可得性的实证研究，同时也为员工创造力的产生补充了边界条件。

（三）管理启示

包容性领导与员工创造力之间的研究已经逐渐成为组织行为管理领域的热点问题。员工创造力是企业在面临工作场所多样化、产品更新速度加快等环境下，组织对员工提出的更高要求（Liu，Jiang，Chrisina，Keem，Zhou，2013）。本章关于包容性领导对员工创造力及其内在作用机制研究的结果对组织管理实践有一定的启示。

首先，管理者应当营造一个尊重、平等与相互理解的组织氛围。在这样的环境中，管理者要身体力行，做好榜样工作，同时接纳不同背景的员工，鼓励员工积极参与组织管理与决策，让员工掌握相应的自主工作权从而使其负有“主人翁”精神，为组织的持续创新发展表现出责任意识与分忧意识。

其次，管理者应当尽量对员工进行正面的评价和反馈。当员工在工作中出现失误或者错误时，管理者须在尊重员工的基础之上指出问题所在，不能一味地进行批评，同时关心员工的心理和情绪需求，引导员工产生对组织的认同，增强员工自我认知和情绪上的信念，从而激发员工的创新潜能。

最后，管理者在员工管理的过程中，还要考虑工作特征的因素。一般而言，不同复杂水平的工作环境，对员工能力高低要求有所不同，员工对完成工作目标的信念也会不同，这就要求管理者在做好榜样作用的同时，也要对员工进行相应的专业能力培训，从而提高员工的专业技能，增强员工可以胜任工作的信念，那么员工便会加大对工作的投入，在这个过程中寻求创新。

八、本章小结

本章主要是基于场域理论和资源保存理论，构建包容性领导对员工创造力影响的理论模型，引入心理可得性作为中介变量，工作复杂性作为调节变量以探讨包容性领导与员工创造力之间的内在作用机制。同时，利用问卷调查收集来自多家企业的主管和在职员工的配套数据，运用 SPSS21.0 和 MPLUS7.0 统计软件进行相关性分析、信度与效度分析、同源偏差分析、验证性因子分析和回归分析，通过实证分析检验本研究构建的理论模型，并根据研究结论提出相应的管理对策。

第四章　包容性领导与员工创新行为：心理安全感和创新自我效能感的双中介作用

一、研究假设

（一）包容性领导对员工创新行为的影响

员工创新行为是员工在工作过程中所产生的一系列包括新想法的产生、推广和实施的一个完整的过程（Scott，Bruce，1994），旨在能够更好地实现组织目标、改善组织绩效，是员工个体的角色外行为。员工创新行为是员工个体主观能动性的体现，由于创新过程是不确定的、复杂的，具备一定的风险以及挑战，因此学者们认为该行为的发生会受到领导风格和行为的影响。例如，Zhou 和 Hoever（2014）研究发现，在创造性活动过程中，当员工感知到领导的支持时，更有可能提高员工的创造力。已有研究表明支持型的领导行为，比如变革型领导、授权型领导、共享型领导等会对员工创新行为这一角色外行为产生积极影响（宋孜宇，2019；赵金国，孙玮等，2019；袁朋伟，董晓庆等，2018）。包容性领导是一种开放的、易接近性和可获得性的领导方式（Carmeli，Reiter，Ziv，2010）。在中国组织情境下，包容性领导即“以人为本”的领导方式，不仅包容员工多样化需求，尊重和认可员工，鼓励员工积极参与组织决策，同时原谅员工的过错并提供帮助。纵观以往研究，包容性领导被认为会与个体结果和团队或组织结果产生积极关联，能够促进积极行为的产生，有利于改善团队或组织运作效能，提高整体绩效水平。本研究认为，包容性领导作为一种积极取向的领导风格，能够激发组织中的员工创新行为。

首先，包容性领导尊重和认可员工（Dwertman，Boehm，2016），领导者的这种情感输出可以帮助建立员工和领导之间的情感纽带，从而使员工产生一种回报组织的分忧意识和责任意识，更有可能在工作中表现出更高的创造力以提升组织创新绩效从而促成组织与员工的双赢局面。其次，包容性领导会容纳员工的错误（唐宁玉，张凯丽，2015），在创造性的活动过程中，这种“容错”行为会让员工感知到的创新等风险行为有安全保障，员工能够大胆地提出新的想法并付诸实施，进而促进员工新想法的产生（梁祺，张纯，2016）。最后，包容性领导平等对待员工，让不同背景下的员工都能够参与到组织决策中（唐宁玉，张凯丽，2015），这种行为可以增强员工的主人翁意识（Alok，Isreael，2012），促使员工主动为组织的美好前景而努力开拓创新。

因此，基于以上论述，本研究提出以下假设：

H1：包容性领导对员工创新行为具有正向影响。

（二）心理安全感的中介作用

心理安全感是员工在组织工作中对自身行为表现所可能承担风险的一种感知，是指员工在组织中敢于表达真实想法和观点，而无惧会因此给自己的职业生涯发展和形象地位带来消极影响的心理感知（Edmondson，1999）。根据社会认知理论，员工的行为会受到个体自身的认知因素和组织环境因素的影响。已有研究表明，领导风格是心理安全感的重要影响因素（Kahn，1990；Detert，Burris，2007），一个支持性的指导会促进员工的心理安全感（Edmondson，1999）。而由于创新过程中带有不确定性和复杂性，具备一定的风险，心理安全感会给员工提供“可以做”的动机。据此，本研究判断在创新过程中，当领导表现出包容的特质和行为时，会提高员工对组织环境安全性的感知，减弱对于创新这一行为的风险认知，使得员工为了能够更好地实现组织目标而做出更多的创新行为。

一方面，包容性领导能够提高员工的心理安全感。组织中的员工对自己工作后果的安全性感知，很大程度上取决于工作环境中他人是否尊重和信任自己，尤其是对员工进行绩效考核的上级领导（Kaiser et al.，2008）。Tyan（2005）研究发现，领导行为作为预测员工心理安全感的一个重要的前因变量，如管理的开放性、包容性都能够有效地提升员工对心理安全的感知。纵观以往文献，已有不少研究证实，包容性领导对员工的心理安全感的提升具有显著的作用（Carmeli，2010；古银华，2016）。首先，包容性领导主动关心员工，了解成员的差异化需求，成员感受到领导的尊重，这种关心和尊重使得员工的心理安全感得到提高（Siemen et al.，2009）。其次，包容性领导鼓励员工参与决策，注重与员工的积极互动，积极回应员工并提供有效支持，营造出相互信任的工作氛围，而这种信任和支持的氛围会降低员工任务失败或者遭遇困难的预期，进而提高员工的心理安全感。最后，中国情境下的包容性领导是“容错”的，这意味着当员工产生过错时，领导会原谅员工，不会对这种过错表现出完全的不允许，这种行为使得员工意识到自己在工作中所进行的一些尝试不会因为产生过错而一定给自身带来消极结果（周星等，2020），消除员工在面对失败的恐惧，减少对自己职业发展的担心，进而使得员工的心理安全感得到了提升。

另一方面，心理安全感能够激发员工做出更多的创新行为。首先，创新意味着打破陈规，是一项不确定性很高的活动，当员工开展创新时势必会面临一定的失败风险（Tierney，Farmer，2002），这种风险使得员工对于创新行为抱有谨慎的态度。心理安全感正是个体感知风险的重要指标，影响个体“可以做”的行为动机（Parker，2010）。当员工具备较高的心理安全感时，员工“可以做”的动机也更为强烈，愿意挑战现状以及进行试错学习（Siemen et al.，2009），做出更多有利于提升组织绩效的创新行为。其次，具备高水平心理安全感的员工对于展示自我所产生的风险顾虑较少，会感受到更多的组织支持（古银华，卿涛，杨付，2017），降低自身对人际风险承担的恐惧（宋璐璐，刘永仁，2014），进而有更多精力可以放在创新上。同时，心理安全感能够降低员工为了规避负面结果的出现而降低投入的心理压力（Burris，2012），提高创新投入。最后，心理安全感高的员工信任同事和领导，不用担心新想法会受到周围人的批评和职责，促进员工个体或整个团队进行知识共享（Kessel et al.，2012），与同事产生更多的互动，并得到帮助和反馈，这种知识共享以及互动反馈能够打破员工固有的思维局限，使得员工产生更多的新想法，并有效克服创新过程中所遇到的困难和挑战。

综上所述，本研究遵循“环境感知—心理认知—行为”这一路径（段锦云，黄彩云，2013），认为在创新过程中，包容性领导对员工表现出尊重和认可、鼓励参与、积极互动以及容错等态度和行为，会提高员工的心理安全感，进而减弱对于创新这一行为的风险认知，使得员工为了能够更好地为实现组织目标而做出更多的创新行为。

基于以上论述，本研究提出以下假设：

H2：心理安全感在包容性领导与员工创新行为之间起到中介作用。

H2a：包容性领导对心理安全感有正向影响。

H2b：心理安全感对员工创新行为有正向影响。

（三）自我效能感的中介作用

自我效能感是指个体对自身完成特定任务的自信程度，代表了个体如何思考自己以及对自己能力的认可程度（Bandura，1977）。根据社会认知理论，自我效能感是个体与环境发生相互作用效应性的一种判断，在将环境影响转变为个体行为之间发挥了关键作用（Bandura，1986）。已有研究证实了自我效能感在领导行为与员工态度行为之间的中介作用（曹威麟等，2012）。因此，本研究判断在创新过程中，包容性领导会提高员工对自我能力的认知，敢于尝试富有挑战性的任务，从而实施更多的创新行为。

1. 包容性领导能够提升员工的自我效能感

Bandura（1986）认为影响自我效能感的因素主要有四类：自身行为经验、间接经验、言语劝说、心理状态。第一，包容性领导重视与员工的沟通，积极回应员工并提供反馈。同时鼓励员工参与组织决策的制定，展现出对员工的能力信任，上级信任意味着额外的责任和义务（Mayer et al.，1995），员工不断积累工作经验，通过增加成败体验而提高自我效能感。第二，间接经验通常来源于身边有影响力和有经验的上级的工作表现（杨洁，张迎，2019）。包容性领导鼓励员工不断进行尝试，为其提供指导和帮助，员工通过观察领导的行为，选择学习和模仿，提升工作技能（彭伟，朱晴雯，乐婷，2017），进而提高自我效能感。同时，包容性领导公平对待所有员工，当员工观察到其他人因完成任务而获得奖励时，会相信自己的行为同样能够产生积极影响，从而提高效能感（高立英等，2019）。第三，包容性领导认可员工的价值，对员工表现出信任和鼓励，这种源自领导的信任与鼓励增加了员工完成任务的信心和自我评价。同时，包容性领导乐于与员工沟通组织目标，使其主动发展以迎合组织目标，使得员工认为工作是有意义的，从而形成积极的自我概念。第四，包容性作为一种以人为本的积极领导风格，直接影响到员工的思考和认知，通过积极沟通和情绪感染给员工带来更多的心理资源（方阳春，2016）。包容性领导平等对待员工，与下属之间建立平等紧密的关系，打破“上下级”这种传统的等级关系，增强双方的情感交流，营造一种安全信任的氛围，使得员工保持积极、乐观的心理状态（高建丽，孙明贵，2015）。同时，包容性领导“容错”，原谅员工的失败和过错，能够降低员工因为担心失败而所产生的焦虑感和挫败感，从而提高员工自己的信心。

2. 自我效能感能够有效激发员工做出更多的创新行为

员工创新行为作为改善组织绩效、实现组织目标的角色外行为，具有一定的挑战性。因而对于创新而言，其不仅取决于员工意愿，更取决于其能力，个体对自身能力的主观认知即自我效能感是影响创新的重要因素，已有不少研究证实了自我效能感对创新行为的重要影响（李颖，王振华，王卫征，2009）。首先，高自我效能感的员工敢于尝试富有挑战性的工作，诸如创新，并为实现目标付出更多的努力（Gerard，2010），表现出更多的创新行为。其次，高自我效能感的员工对环境及行为的控制具有信心并能积极应对负面结果，而低自我效能感的员工应对挑战和困难时更倾向于减少努力甚至放弃（Parker et al.，2006）。因而在创新情境下，高自我效能感的员工相信自己能够有效克服创新过程中所遇到的挑战和困难，并积极整合资源以应对各种阻力，实施更多的创新行为。最后，高自我效能感的员工对自身的能力有充分的认知，他们往往主动学习新技能和新知识，善于运用自身已有知识和经验去尝试找到解决问题的新思路或新方法，积极主动、高效率、创新地完成工作目标，表现出更多的创新行为。

综上所述，本研究遵循“环境感知—心理认知—行为”这一路径，认为包容性领导通过提高员工自我效能感，进而促进员工的创新行为。基于以上论述，本研究提出以下假设：

H3：自我效能感在包容性领导与员工创新行为之间起到中介作用。

H3a：包容性领导对自我效能感有正向影响。

H3b：自我效能感对员工创新行为有正向影响。

在假设 H2 和假设 H3 的基础上，本研究提出一个并行多重中介作用模型，即包容性领导会通过心理安全感和自我效能感的共同中介作用来影响员工的创新行为。从社会认知视角来看，包容性领导会通过影响人的心理认知，包括心理安全感和自我效能感，降低员工对创新的风险认知，提高从事创新的能力认知，激发出员工更多的创新行为。虽然这两种不同的心理机制同时作用于包容性领导与员工创新行为之间，但心理安全感与自我效能感这两种不同的中介效应究竟是旗鼓相当还是你强我弱呢？本研究将在实证分析中进一步比较心理安全感和自我效能感的中介作用的强弱。

（四）组织创新奖酬的调节作用

员工创新行为是企业创新的基础，是企业在这竞争日益激烈的市场中维持可持续发展的动力源泉。为此，越来越多的企业开始实施以创新为导向的激励，以激发员工创新行为，促进企业创新和发展。华为的高薪激励成就了全世界最具品牌价值的公司（马喜芳等，2018）。组织创新奖酬是指根据创新绩效指标对员工的创新表现所给予的外在奖酬，诸如奖金、夸奖、表扬、认可、晋升等（Byron，Khazanchi，2012）。根据动机理论，动机是一种重要的心理动力，决定了行为的形式、方向、强度和持续时间的内外部力量（Amabile，Conti，Coon，1996）。已有不少研究表明，基于创新的奖酬能够有效地引导员工表现出更多的创造力、创新行为（Byron，Khazanchi，2012；Malik，Butt，Choi，2015）。一方面，组织创新奖酬为实施创新行为的员工提供奖酬，这种正反馈向员工传递了组织对其的认同，提高了员工的自我决定感，让员工感知到自己能胜任的愉悦感，满足员工的基本心理需要，激发员工的内在动机，进而激发员工创新行为（刘宁，刘颖，2019）。另一方面，组织创新奖酬不仅是对创新这种高风险失败活动的价值补偿（马君，赵红丹，2019），也是对员工在工作过程中所付出的努力的补偿（Byron，2012），是一种正强化机制，这种积极的行为结果加强员工创新的外部动机，并通过动机的协同，激发员工创新行为（刘宁，刘颖，2014）。此外，赵慧娟和龙立荣（2016）指出，动机作为促使个体从事特定行为活动的内在原因，对个体的行为活动具有调节功能。因此，本研究认为在不同的组织创新奖酬水平下，心理安全感—员工创新行为、自我效能感—员工创新行为这两组关系会有所不同。

1. 组织创新奖酬在心理安全感与员工创新行为间的调节作用

基于以上所述，在高水平的组织创新奖酬下，员工感知到自己在工作过程中实施更多的创新行为是组织所认可和接受的，并且会因为创新行为的实施而获得更多的奖励。此时，具备心理安全感的员工已经感知到在组织从事创新这类风险活动是安全的，有了充分的心理预设，在实施创新行为所带来的积极结果的正强化作用下，员工会提高自身参与创新的意愿，增强创新的外部动机，实施更多符合组织期望的、给自己带来价值的创新行为。正如parker（2010）的研究中所表述，心理安全感和组织创新奖酬给员工提供了“可以做”和“有理由做”两种动机，从而相互影响激发员工的创新行为。相反地，在低水平的组织创新奖酬下，员工在组织中感受到不创新的重要性，实施创新行为也得不到奖励和认可等积极的结果，使得他们看不到实施创新行为的价值所在。此时，即便员工具备较高的心理安全感，相信在组织中实施创新行为是安全的，他们也只会认为常规性任务才是组织所期望的，就算他们主动开展创新也不会给自身带来额外的回报，激励的缺乏使得他们不会为了创新付出更多的努力，无法激发他们实施更多的创新行为。

因此，基于以上论述，本研究提出以下假设：

H4：组织创新奖酬在心理安全感与员工创新行为之间起调节作用，即相比较于较低水平的组织创新奖酬，在较高水平的组织创新奖酬下，心理安全感与员工创新行为之间的正向关系更强。

2. 组织创新奖酬在自我效能感与员工创新行为间的调节作用

具体说来，首先，组织创新奖酬明确与创新行为相关联，而不是传统的任务奖酬或绩效奖酬，具备清晰的创新行为指向性。这种信号作用使得员工能够明确组织目标，此时自我效能感高的员工的注意力被吸引到创新活动而不是其他的挑战性任务方面，进而表现出更多的创新行为。相反，组织创新奖酬水平低时，非创新活动可能具备更高的优先级，即便自身具备较高自我效能感的员工也可能会因为组织目标不是创新而转向去承担其他富有挑战性的非创新活动。其次，能力是产生创新行为的先决条件之一。有能力实施创新，但是若得不到组织的支持，仅靠员工单枪匹马地奋战，恐怕难以持续施行下去。针对创新行为提供专属的奖励，不仅表明组织员工创新的认同，更在工作实践中为创新提供足够的资源支持（孙甫丽等，2018），帮助员工解决创新过程中所遇到的难题和困难，降低创新的不确定性，促使具备自我效能感的员工能够持续实施创新行为。另外，高水平的组织创新奖酬不断给员工传递正反馈和正强化，员工自主需求（胜任等）通过组织创新奖酬得到满足，激发员工的内在动机，同时通过奖励、认可、晋升等使得员工对行为结果产生良好的预期，激发员工的外在动机，在这种内外动机的协同下，具备自我效能感的员工会实施更多的创新行为。相反，低水平的组织创新奖酬下，员工对创新行为的结果预期被大幅度削弱，可能会对创新产生一定的心理阻碍，自我效能感与创新行为之间的关系被削弱。

因此，基于以上论述，本研究提出以下假设：

H5：组织创新奖酬在自我效能感与员工创新行为之间起调节作用，即相比较于较低水平的组织创新奖酬，较高水平的组织创新奖酬下，自我效能感与员工创新行为之间的正向关系更强。

（五）有调节的中介作用

假设 H2、假设 H3 分别阐述了心理安全感、自我效能感在包容性领导与员工创新行为之间的中介作用，假设 H4、假设 H5 分别阐述了组织创新奖酬在“心理安全感—员工创新行为”“自我效能感—员工创新行为”两组关系中的调节作用。因此本文遵循上述假设逻辑，基于社会认知理论和动机理论，根据有调节的中介推导方法（Edwards et al.，2007），提出有调节的中介效应模型，即组织创新奖酬不仅调节了“心理安全感—员工创新行为”“自我效能感—员工创新行为”这两组关系，同时调节了心理安全感、自我效能感在“包容性领导—员工创新行为”间的中介作用发挥。随着组织创新奖酬水平的提高，员工开展创新的内外在动机得到不断的激发，心理安全感、自我效能感的中介效应将随之不断增强。基于此，本研究提出以下假设：

H6：组织创新奖酬正向调节心理安全感在包容性领导与员工创新行为之间的中介作用，表现为被调节的中介作用。具体而言，相较于较低水平的组织创新奖酬，在高水平的组织创新奖酬下，心理安全感在包容性领导与员工创新行为之间所起的中介效应越大。

H7：组织创新奖酬正向调节自我效能感在包容性领导与员工创新行为之间的中介作用，表现为被调节的中介作用。具体而言，相较于较低水平的组织创新奖酬，在高水平的组织创新奖酬下，自我效能感在包容性领导与员工创新行为之间所起的中介效应越大。

本研究通过整合前文理论假设 H1—H7 的推导，构建本研究的理论模型，如图 4.1 所示：

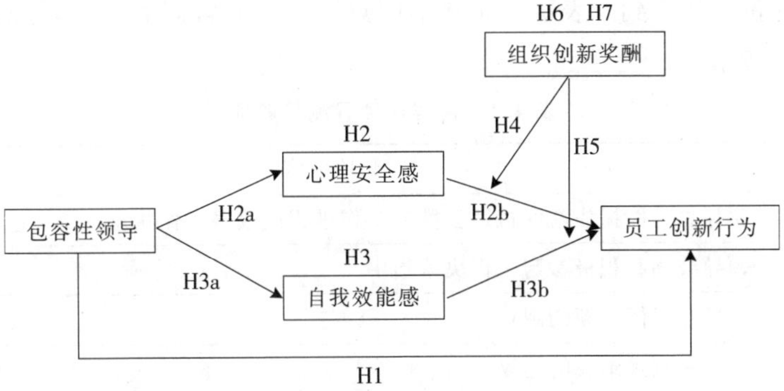

图 4.1　理论模型

二、研究设计

（一）问卷设计

本研究主要采用问卷调查法进行一手数据的收集，采用匿名填写、多来源数据综合法从程序上减少同源偏差对数据分析结果的影响。问卷共分为六部分：第一部分是包容性领导量表，主要用于获取员工对领导包容性程度的评价数据；第二部分是心理安全感量表，主要用于获取员工对组织环境安全感知的评价数据；第三部分是自我效能感量表，主要用于获取员工对自我概念认知的评价数据；第四部分是组织创新奖酬量表，主要用于获取员工对组织中基于创新的奖酬程度感知的评价数据；第五部分是员工创新行为量表，主要用于获取员工对自身创新行为实施程度的评价数据；第六部分是控制变量，如个人的基本信息，包括年龄、性别、受教育程度、工作年限、收入水平、所从事职业等，以帮助掌握研究对象的基本特征情况。

（二）变量测量

1. 包容性领导量表

借鉴 Carmeli 等（2010）的包容性领导（Inclusive leadership）量表，共 9 个题项，典型题项包括“领导鼓励我积极参与到工作决策中”“当我出现工作错误时，领导会给予我鼓励和支持”等。本量表以 Likert－5 点测量法进行评价，从 1 到 5 表示“非常不同意”到“非常同意”。具体测量内容如表 4.1 所示。

表 4.1　包容性领导测量题项

题项	题项内容
IL1	领导总是能抓住新的机遇去推进工作进程或改善工作状态
IL2	领导鼓励我积极参与工作决策当中
IL3	领导愿意倾听新的观点
IL4	领导愿意采纳我的建议
IL5	当我在工作中遇到问题时，领导愿意为我提供帮助
IL6	当我向领导咨询问题时，领导能为我提供专业化的建议
IL7	领导愿意参与讨论工作中出现的问题
IL8	领导能够体谅我的失败或错误
IL9	领导在我出现工作错误时，会给予我鼓励和支持

2. 心理安全感量表

本研究采用 Liang（2012）所编制的 5 题项心理安全感量（Psychological safety）表，其中第 5 题为反向计分题，同时本量表以 Likert－5 点测量法进行评价，从 1 到 5 表示“非常不同意”到“非常同意”。具体测量内容如表 4.2 所示。

表 4.2 心理安全感测量题项

题项	题项内容
PS1	我在工作中表达的看法都是自己的真实感受
PS2	在工作中，我可以大胆自由地表达自己的想法
PS3	在我的工作单位中，表达真实想法是受欢迎的
PS4	在工作中，即使我有不同的意见，也没有人会指责我
PS5	我担心在工作中表达真实想法会对自己不利

3. 自我效能感量表

本研究采用 Schwarzer（1981）所编制的自我效能感量（Self-efficacy）表，共 10 个题项，同时本量表以 Likert－5 点测量法进行评价，从 1 到 5 表示“非常不同意”到“非常同意”。具体测量内容如表 4.3 所示。

表 4.3 自我效能感测量题项

题项	题项内容
SE1	如果我尽力去做的话，我总是能解决难题的
SE2	即使别人反对我，我仍有办法获得我想要的
SE3	对我来说，坚持理想和达成目标是比较容易的
SE4	我自信我能够有效地应付任何突如其来的事情
SE5	以我的才智，我定能应付意料之外的情况
SE6	如果我付出必要的努力，我一定能解决大多数的难题
SE7	我能冷静地面对困难，因为我信赖自己处理问题的能力
SE8	面对一个难题时，我通常能想到几个解决办法
SE9	有麻烦的时候，我通常能想到一些应对的方法
SE10	无论什么事在我身上发生，我都能应付自如

4. 组织创新奖酬量表

本研究采用 Yoon 和 Choi（2010）所编制的 8 题项组织创新奖酬量

（Innovation rewards）表，该量表是根据 Ryan 和 Deci（2000），Deci et al.（1999）和 Baer，Oldham，Cummings（2003）的量表所编制而来，同时本量表以 Likert－5 点测量法进行评价，从 1 到 5 表示“非常不同意”到“非常同意”。具体测量内容如表 4.4 所示。

表 4.4　组织创新奖酬测量题项

题项	题项内容
RE1	当我创造性地执行工作时，我会获得经济报酬，如奖金
RE2	当我创造性地执行工作时，这会影响我的晋升
RE3	如果我对任务提出新方法，这会影响我的绩效评估
RE4	如果我对任务提出新方法，我会受到领导的认可
RE5	如果我对任务提出新方法，我会受到同事的认可
RE6	当员工取得创新绩效时，公司会提供奖励，如庆祝会
RE7	当我在工作中更具有创造性时，公司会给予我相应的福利作为回报
RE8	当我在工作中更具有创造性时，经理或最高管理层会公开赞赏我

5. 员工创新行为量表

本研究采用 Scott 和 Bruce（1994）所编制的员工创新行为（employee creative behavior）量表，该量表由 5 个具体题项加 1 个总题项构成，共 6 个题项，同时本量表以 Likert－5 点测量法进行评价，从 1 到 5 表示“非常不同意”到“非常同意”。具体测量内容如表 4.5 所示。

表 4.5　员工创新行为测量题项

题项	题项内容
ECB1	在工作中，我会积极寻求应用新流程或新技术
ECB2	我经常会迸发有创意的点子或者产生创新性的想法
ECB3	我会与他人交流并宣传我的新想法
ECB4	为了实现我自己的想法或创意，我会设法获取我所需要的资源
ECB5	我将积极制订适当的计划和规划，以实现创新的想法
ECB6	总的来说，我是一个具有创新性的人

6. 控制变量

根据以往研究经验，性别、年龄、受教育程度、工作年限、收入水平、工作类型等变量对员工创新行为有影响，因此本文将这些变量设置为控制变量。对于这些变量的测量如下：性别（1＝男，2＝女）；年龄（1＝25 岁以下，2＝25－29 岁，3＝30－39 岁，4＝40－49 岁，5＝50 岁以上）；受教育程度（1＝高中及以下，2＝专科，3＝本科，4＝硕士及以上）；工作年限（1＝3 年以下，2＝3—6 年，3＝7—14 年，4＝15 年及以上）；收入水平（月薪）（1＝0.5 万以下，2＝0.5 万—1 万，3＝1 万—2 万，4＝2 万—3 万，5＝3 万及以上）；工作类型（1＝行政管理人员，2＝技术/研发人员，3＝营销人员，4＝财务管理人员，5＝人力资源管理人员，6＝后勤人员，7＝生产人员，8＝其他）。

（三）调查对象

2019 年 11 月—2020 年 1 月，调研人员针对湖南省、广东省等地的企业进行抽样调查，为确保研究结论的可推广性，所选取的样本企业涵盖能源、电子、科技、金融、房地产、机械、制造业等多个行业，调研对象均为企业在职员工。

（四）问卷发放与数据搜集

根据研究目的与内容，本研究选择以问卷调查方式，借助电子问卷为载体进行数据收集。在发放问卷时告知被试者所需填写的内容仅作学术研究之用，且完全匿名，以从程序上尽量减少同源偏差的影响。

首先，由调研人员联系各企业的部门或者团队主管，将电子问卷链接发送给调研对象并说明调研的程序和目的，由他们对直接下属进行问卷的发放。问卷回收后，由调研人员进行问卷的检查和数据整理。此次问卷调查共发放 484 份，剔除空白问卷和前后填写矛盾的问卷之后获得有效样本 418 份，有效回收率为 86.4%。有效样本的人口统计特征见表 4.6。

表 4.6　有效样本的人口统计特征

人口统计学特征		人数（人）	百分比（%）
性别	男	226	54.1
	女	192	45.9
年龄	25 岁以下	87	20.8
	25—29 岁	145	34.7
	30—39 岁	135	32.3
	40—49 岁	34	8.1
	50 岁以上	17	4.1
教育程度	高中及以下	41	9.8
	专科	103	24.6
	本科	210	50.2
	硕士及以上	64	15.3
工作年限	3 年以下	63	15.1
	3—6 年	100	23.9
	7—14 年	193	46.2
	15 年及以上	62	14.8
收入水平	0.5 万以下	65	15.6
	0.5 万—1 万	154	36.8
	1 万—2 万	131	31.3
	2 万—3 万	48	11.5
	3 万及以上	20	4.8
工作类型	行政管理人员	78	18.7
	技术/研发人员	129	30.9
	营销人员	56	13.4
	财务管理人员	28	6.7
	人力资源管理人员	54	12.9
	后勤人员	20	4.8
	生产人员	36	8.6
	其他	17	4.1

（五）统计分析方法

本研究主要采用 SPSS22.0、MPLUS7.0 进行数据统计分析。第一步，利用 SPSS22.0 和 MPLUS7.4 对本研究涉及的 5 个关键变量包容性领导、心理安全感、自我效能感、组织创新奖酬、员工创新行为进行信度、效度检验，同时分析是否存在严重的同源偏差。第二步，利用 SPSS22.0 对关键变量进行描述性统计与相关性分析，为假设的验证提供基础。第三步，利用 MPLUS7.4 逐步对本研究的理论假设进行实证分析。

三、信度效度检验

（一）信度检验

信度是指对量表进行多次测量后所得结果的一致性和稳定性，一般研究中多用 Cronbach's α系数来指示信度的高低。Cronbanch's α系数的一般要求高于 0.7，大于 0.8 则认为信度达到了很好的水平。本研究中运用 SPSS22.0 软件来检验包容性领导、心理安全感、自我效能感、组织创新奖酬、员工创新行为 5 个量表的 Cronbach's α系数，所得结果如表 4.7 所示，可以看到各量表的 Cronbach's α系数均大于 0.8，具备很好的信度水平。

表 4.7　信度检验结果

变量	题项数	Cronbach's α系数
包容性领导	9	0.916
心理安全感	5	0.844
自我效能感	10	0.913
组织创新奖酬	8	0.897
员工创新行为	6	0.911

（二）效度检验

1. 内容效度

内容效度是指所采用的量表是否能够代表研究者所要测量的变量。正如前文所描述的，本研究所采用的5个关键变量的量表均是借鉴国内外成熟的量表，且以往研究相继证实了这些量表的信效度，因而本研究认为所选取的量表具有较好的内容效度。

2. 收敛效度

收敛效度主要是指测量同一变量的不同问题的有效性程度（Fomell，Lacker，1981）。对于收敛效度的检验，通常是通过计算平均方差萃取量（Average Variance Extracted，AVE），进而根据其大小来进行判断。Fomell，Lacker（1981）认为当AVE>0.5时，说明该变量具有较高的收敛效度。此外，Bagozzi，Yi（1988）认为当AVE值位于（0.3，0.5）区间范围内时，也是可以接受的。因此，本研究根据以往学者的建议，认为AVE值位于（0.3，0.5）区间范围内时可以接受，大于0.5则说明收敛效度良好。

如表4.9所示，本研究对5个关键变量分别进行了AVE值计算。可知，所有变量的AVE值均大于0.5，表明这5个变量的收敛效度较好。

表4.8 收敛效度检验结果

变量	Item	Estimate	SMC	AVE
包容性领导	IL1	0.748	0.560	0.55
	IL2	0.788	0.621	
	IL3	0.710	0.504	
	IL4	0.719	0.517	
	IL5	0.734	0.539	
	IL6	0.772	0.596	
	IL7	0.686	0.471	
	IL8	0.750	0.563	
	IL9	0.761	0.579	
心理安全感	PS1	0.727	0.529	0.521
	PS2	0.656	0.430	
	PS3	0.718	0.516	
	PS4	0.747	0.558	
	PS5	0.755	0.570	

续表

变量	Item	Estimate	SMC	AVE
自我效能感	SE1	0.709	0.503	0.512
	SE2	0.745	0.555	
	SE3	0.742	0.551	
	SE4	0.716	0.513	
	SE5	0.715	0.511	
	SE6	0.716	0.513	
	SE7	0.700	0.490	
	SE8	0.707	0.500	
	SE9	0.687	0.472	
	SE10	0.715	0.511	
组织创新奖酬	RE1	0.703	0.494	0.521
	RE2	0.690	0.476	
	RE3	0.698	0.487	
	RE4	0.717	0.514	
	RE5	0.735	0.540	
	RE6	0.744	0.554	
	RE7	0.754	0.569	
	RE8	0.728	0.530	
员工创新行为	ECB1	0.786	0.618	0.632
	ECB2	0.792	0.627	
	ECB3	0.800	0.640	
	ECB4	0.759	0.576	
	ECB5	0.814	0.663	
	ECB6	0.818	0.669	

3. 区分效度

区分效度主要是指用不同的方法对不同变量进行测量后表现出的差异化程度的大小（Simomii，1999）。

本研究首先对每个变量分别进行验证性因子分析，选取χ^2、df、χ^2/df、*CFI*、*TLI*、*RMSEA*、*SRMR* 作为拟合优度指标。其中，χ^2/df 一般而言在 1—3 范围内较好，小于 4 都可以接受；*CFI*、*TLI* 两项指标建议值为 0.9 以上为理想，0.8 以上为可接受（Hu，Bentler，1999）；*RMSEA*、*SRMR* 两项指标建议值一般以 0.1 为标准，小于 0.1 视为良好（MacCallun et al.，1996）。由表 4.9 知，每个变量的拟合优度指标均在理想范围内，说明本研究采用的每个变量的效度较好，为接下来测量变量间的区分效度奠定了基础。

为了验证变量间的区分效度，本研究运用 MPLUS7.0 软件采用源同质合并与因果链合并方法检验测量模型（包容性领导、心理安全感、自我效能感、组织创新奖酬与员工创新行为）是否具有良好的拟合度，分析所得结果如表 4.10 所示。本研究所采用的标准模型为包容性领导、心理安全感、自我效能感、组织创新奖酬和员工创新行为的五因子模型；单因子模型是将包容性领导、心理安全感、自我效能感、组织创新奖酬和员工创新行为五个变量全部整合成一个因子；二因子模型是将包容性领导、心理安全感、自我效能感、组织创新奖酬整合成一个因子；三因子模型是将心理安全感、自我效能感、组织创新奖酬整合成一个因子；四因子模型是将心理安全感、自我效能感整合成一个因子。结果显示，五因子模型具有较好的拟合度（$\chi^2/df=1.794$、$CFI=0.938$、$TLI=0.934$、$RMSEA=0.057$、$SRMR=0.041$），显著优于其他 4 个替代模型。由此表明，本研究中的 5 个变量之间具有较好的区分效度，确实是 5 个不同的变量。

表 4.9　量表拟合指标检验结果

变量	χ^2/df	*RMESA*	*TLI*	*CFI*	*SRMR*
包容性领导	2.502	0.050	0.981	0.986	0.023
心理安全感	1.631	0.039	0.992	0.997	0.014
自我效能感	2.445	0.059	0.968	0.975	0.029
组织创新奖酬	2.4069	0.058	0.974	0.982	0.025
员工创新行为	2.468	0.059	0.985	0.991	0.017

表 4.10　验证性因子分析检验结果

模型	因子	χ^2	df	χ^2/df	*RMESA*	*TLI*	*CFI*	*SRMR*
五因子模型	IL+PS+SE+RE+ECB	1174.997	655	1.794	0.044	0.934	0.938	0.041
四因子模型	IL，PS+SE，RE，ECB	2695.950	659	4.091	0.086	0.743	0.759	0.110
三因子模型	IL，PS+SE+RE，ECB	3341.000	662	5.047	0.098	0.663	0.683	0.121
二因子模型	IL+PS+SE+RE，ECB	4909.415	664	7.394	0.124	0.468	0.497	0.146
单因子模型	IL+PS+SE+RE+ECB	5886.375	665	8.85	0.137	0.346	0.381	0.153

四、同源偏差检验

同源偏差是指由于相同的数据来源和测量环境所导致的人为共变（周浩，龙立荣，2004），进而对研究结果产生的一种系统误差。尽管本研究在数据收集过程中，为降低同源偏差影响而采取了匿名测量等方法，但由于数据收集过程中采用的是个体自我评述的方式，而每份问卷中的关键变量均来自同一被试个体，故仍可能产生同源偏差问题，因此还需对测量数据进行同源偏差检验。

本研究主要采用 Harman 单因子检验法进行同源偏差的检验。具体做法是利用主成分因子分析法，按照特征值大于 1 的标准，将所有变量同时整合纳入进行整体分析并检验未旋转的因子分析结果，如果只析出一个因子或某个因子的解释力达到或者超过了 50%，则说明这些变量存在非常严重的同源偏差（Eby，Dobbins，1997）。本研究按照上述方法进行了检验，结果显示共析出了 8 个共同因子，且第一个因子解释累计总方差的 24.652，不到 50%。由此分析结果可知，本研究所采用的调研数据不存在严重的同源偏差问题。

五、描述性统计与相关性分析

为了进一步了解本研究采用的 4 个关键变量的分布情况及总体趋势，本研究主要运用均值、标准差对这 5 个变量进行描述性统计分析，结果如表 4.11 所示。

表 4.11　描述性统计和相关性分析结果

变量	均值	标准差	性别	年龄	教育程度	工作年限	收入水平	工作类型	单位行业	IL	PS	SE	RFI	EIB
性别	1.46	0.499	1											
年龄	2.4	1.032	−0.055	1										
教育程度	2.71	0.842	0.026	−0.074	1									
工作年限	2.61	0.916	0.017	0.207^{***}	−0.026	1								
收入水平	2.53	1.039	−0.060	0.016	0.039	0.038	1							
工作类型	3.33	2.089	0.064	0.030	0.059	−0.001	0.056	1						
IL	3.238	0.936	0.033	0.002	0.033	−0.027	0.023	−0.007	0.023	1				
PS	3.157	0.951	−0.038	0.112	0.026	−0.046	−0.036	−0.013	0.039	0.196^{***}	1			
SE	3.251	0.887	−0.053	−0.013	−0.024	−0.092	−0.025	−0.076	0.010	0.329^{***}	0.322^{***}	1		
RE	3.212	0.907	0.018	−0.023	−0.1123	−0.081	−0.084	−0.100	0.018	−0.027	−0.025	−0.049	1	
ECB	3.164	1.089	−0.010	0.017	−0.057	−0.107	−0.039	0.025	0.030	0.380^{***}	0.304^{***}	0.397^{***}	0.149^{**}	1

注：***表示 0.001 水平下显著；**表示 0.01 水平下显著。

对于相关性分析，本研究采用 Pearson 系数检验变量之间是否存在相关关系，结果如表 4.10 所示。一般情况下，当 Pearson 系数的绝对值越接近 1，变量之间的相关性越强；当 Pearson 系数的绝对值越接近 0，相关性则越弱。当 Pearson 系数为正时，变量之间是正相关关系；当 Pearson 系数为负时，变量之间是负相关关系。由表 4.11 可以看到：(1) 包容性领导与员工创新行为显著正相关（$r=0.380$，$p<0.001$）。(2) 心理安全感与包容性领导（$r=0.196$，$p<0.001$）、员工创新行为（$r=0.304$，$p<0.001$）显著正相关。(3) 自我效能感与包容性领导（$r=0.329$，$p<0.001$）、员工创新行为（$r=0.397$，$p<0.001$）显著正相关。(4) 组织创新奖酬与员工创新行为显著正相关（$r=0.149$，$p<0.01$）。根据变量间的相关性关系，为之后研究假设提供了初步支持。

同时，本研究分析表明，性别、年龄、受教育程度、工作年限、收入水平、所从事职业均与本研究关键变量之间没有产生显著性的影响，因此在后续的分析中将不再引入。

六、假设检验

本研究采用 MPLUS7.0 软件对本研究的 4 个假设，即包容性领导对员工创新行为的直接效应、心理安全感的中介效应、自我效能感的中介效应、组织创新奖酬的调节效应进行检验，同时比较两条并行中介效应的大小。

（一）主效应检验

本研究运用 MPLUS7.0 检验包容性领导与员工创新行为之间的直接效应模型（图 4.2），结果显示，包容性领导显著正向影响员工创新行为（$\beta=0.442$，$p<0.001$），故假设 H1 得到验证。

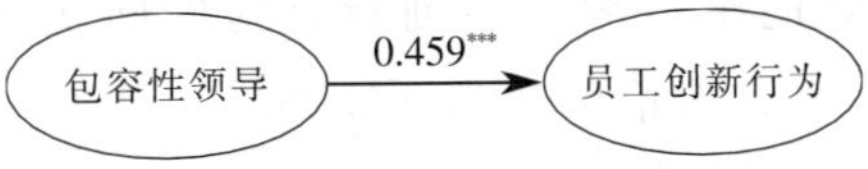

图 4.2　直接效应检验模型

（二）中介效应检验

1. 简单中介效应检验

目前检验中介效应最常见的方法是Baron和Kenny（1986）的因果逐步回归法，但是，近年来随着对研究方法和研究工具的深入探析，部分学者对此提出了质疑（Preacher，Hayes，2004；Zhao，Lynch，Chen，2010）。Zhao等学者（2010）提出使用偏差校正的非参数百分位Bootstrap法来检验中介效应的存在，如果中介效应的检验结果表明其在95%置信区间不包括0，则表明中介效应存在。

本研究用MPLUS7.0构建心理安全感和自我效能感的简单中介效应模型如图4.3和图4.4所示，运用非参数百分位Bootstrap法（样本量设定为5000）分别检验心理安全感和自我效能感在包容性领导与员工创新行为之间所起的中介作用，结果见表4.12。在心理安全感的中介效应分析中，包容性领导显著影响心理安全感（$\beta=0.226$，$p<0.001$），假设H2a得到验证；心理安全感显著影响员工创新行为（$\beta=0.295$，$p<0.001$），假设H2b得到验证；同时，可以看到，包容性领导经过心理安全感影响员工创新行为的间接效应系数显著（$\beta=0.067$，$p<0.01$），并且置信区间为[0.030，0.103]，不包括0，且在该模型中包容性领导对员工创新行为的直接效应系数显著（$\beta=0.411$，$p<0.001$），说明心理安全感在包容性领导与员工创新行为之间起到部分中介作用，假设H2得到验证。

在自我效能感的中介效应分析中，包容性领导显著影响自我效能感（$\beta=0.386$，$p<0.001$），假设H3a得到验证；自我效能感显著影响员工创新行为（$\beta=0.355$，$p<0.001$），假设H3b得到验证；同时，可以看到，包容性领导经过自我效能感影响员工创新行为的间接效应系数显著（$\beta=0.137$，$p<0.001$），并且置信区间为[0.084，0.190]，不包括0，且在该模型中包容性领导对员工创新行为的直接效应系数显著（$\beta=0.350$，$p<0.001$），说明自我效能感在包容性领导与员工创新行为之间起到部分中介作用，假设H3得到验证。

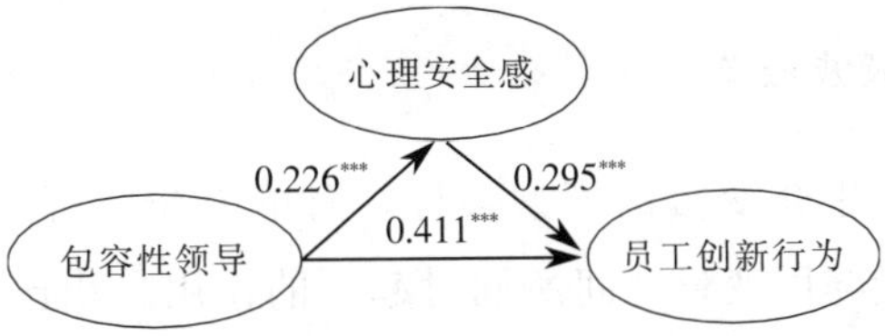

图 4.3　心理安全感的中介效应模型

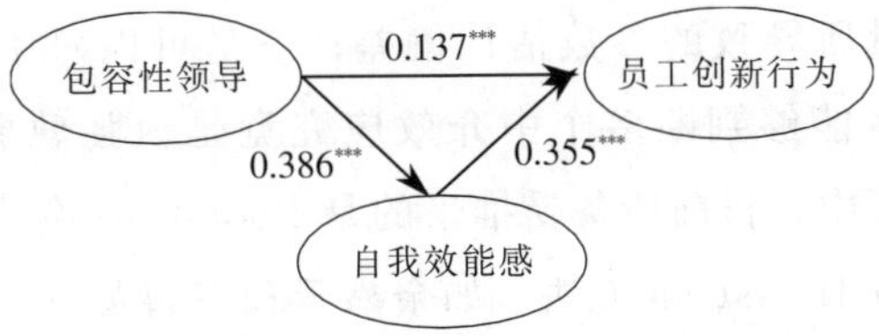

图 4.4　自我效能感的中介效应模型

表 4.12　简单中介效应检验结果

效应	Estimate	S. E.	Est. /S. E.	P value	95%置信区间 下限	95%置信区间 上限
心理安全感的中介效应						
总效应 IL→ECB	0.478	0.063	7.555	0.000	0.374	0.582
直接效应 IL→ECB	0.411	0.064	6.470	0.000	0.307	0.516
直接效应 IL→PS	0.226	0.056	4.075	0.000	0.135	0.318
直接效应 PS→ECB	0.295	0.064	4.590	0.000	0.189	0.400
间接效应 IL→PS→ECB	0.067	0.022	3.023	0.003	0.030	0.103
自我效能感的中介效应						
总效应 IL→ECB	0.487	0.064	7.587	0.000	0.381	0.592
直接效应 IL→ECB	0.350	0.065	5.146	0.000	0.243	0.456
直接效应 IL→SE	0.386	0.064	6.044	0.000	0.281	0.491
直接效应 PS→SE	0.355	0.066	5.420	0.000	0.247	0.463
间接效应 IL→SE→ECB	0.137	0.032	4.224	0.000	0.084	0.190

注：IL 为包容性领导；PS 为心理安全感；SE 为自我效能感；ECB 为员工创新行为。

2. 多重中介效应检验

对于存在多个中介变量的模型来说，简单中介分析并没有考虑到多个中介变量在自变量与因变量之间所同时起到的作用。相比于简单中介分析，运用结构方程模型进行多重中介分析具备多个优势，一是可以得到总的中介效应；二是多个中介变量的同步分析可以减少简单中介分析模型中由于遗漏其他中介变量所导致的参数估计偏差；三是可以对中介效应进行比较分析，使得研究者能够判断多个中介效应究竟是孰强孰弱还是旗鼓相当。而在多重中介分析中，目前所备受推崇的是 Bootstrap 检验方法，特别是偏差校正的非百分位 Bootstrap 方法。如余嘉禾和王碧英（2017）采用该方法分析了领导成员交换与组织自尊在谦卑型领导与员工绩效之间的并行多重中介效应。

考虑到本研究属于同时考虑心理安全感、自我效能感在包容性领导与员工创新行为之间的中介作用，因此本研究参考方杰和温忠麟（2014）所提出的多重中介效应检验方法，借助结构方程模型，采用基于偏差校正的非百分位 Bootstrap 方法来进一步对本研究所提出的双重中介效应进行检验，样本量设定为 5000，得到 95%的置信区间。

结构方程模型的开展需要具备良好的拟合度，那么必须检验假设模型的拟合度情况。拟合度指标越好，说明模型矩阵和样本矩阵越吻合。本研究采取χ^2/df、*CFI*、*TLI* 和 *RMSEA* 来衡量假设模型的整体拟合度，以此判断本研究所收集到的数据是否与假设模型匹配。

在前文基础上，本研究将包容性领导、心理安全感、自我效能感、员工创新行为 4 个变量同时纳入构建并行双重中介模型（图 4.5），所得模型拟合结果见表 4.13。分析结果发现假设模型的整体拟合度较好（$\chi^2/df=1.876$，$CFI=0.948$，$TLI=0.943$，$RMSEA=0.046$，$SRMR=0.061$），可开展进一步分析。

本研究对心理安全感和自我效能感的并行双重中介效应检验，结果见图 4.5 和表 4.13。分析结果可知，在控制自我效能感以后，心理安全感的特定中介效应系数显著（$\beta=0.051$，$p<0.01$），并且置信区间为 [0.019，0.083]，不包括 0，说明心理安全感在包容性领导与员工创新行为之间起到

中介作用，假设 H2 得到进一步验证。在控制心理安全感以后，自我效能感的特定中介效应系数显著（$\beta=0.119$，$p<0.001$），并且置信区间为［0.068，0.169］，不包括 0，表明自我效能感在包容性领导与员工创新行为之间起到中介效应，假设 H3 进一步得到验证。且在该模型中，心理安全感和自我效能感所起到的总中介效应系数显著（$\beta=0.170$，$p<0.001$），置信区间为［0.107，0.232］，不包括 0，说明总中介效应显著，双重中介模型成立。且此时，包容性领导对员工创新行为的直接效应系数显著（$\beta=0.330$，$p<0.001$），因此心理安全感、自我效能感所起中介作用为部分中介。

同时对并行的两个中介效应进行比较，心理安全感在包容性领导与员工创新行为之间的中介效应（$\beta=0.051$）小于自我效能感的中介效应（$\beta=0.119$）。且两个中介的差异系数显著（$\beta=-0.068$，$p<0.05$），且置信区间为［−0.123，−0.012］，不包括 0，说明心理安全感的中介效应显著小于自我效能感的中介效应。

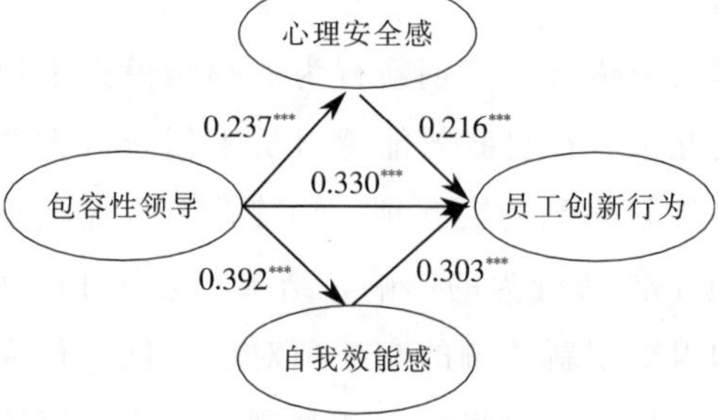

图 4.5 多重中介效应模型

表 4.13 多重中介效应检验结果

效应	Estimate	S. E.	Est. /S. E.	P value	95%置信区间	
					下限	上限
总效应 IL→ECB	0.500	0.066	7.519	0.000	0.390	0.609
直接效应 IL→ECB	0.330	0.067	4.938	0.000	0.220	0.440
直接效应 IL→PS	0.237	0.056	4.207	0.000	0.144	0.329
直接效应 PS→ECB	0.216	0.063	3.444	0.001	0.113	0.319
直接效应 IL→SE	0.392	0.065	6.079	0.000	0.286	0.498

续表

效应	Estimate	S. E.	Est. /S. E.	P value	95%置信区间	
					下限	上限
直接效应 SE→ECB	0.303	0.065	4.679	0.000	0.196	0.409
间接效应 IL→PS→ECB	0.051	0.019	2.642	0.008	0.019	0.083
间接效应 IL→SE→ECB	0.119	0.031	3.889	0.000	0.068	0.169
IND1+IND2	0.170	0.038	4.450	0.000	0.107	0.232
IND1−IND2	−0.068	0，034	−1.988	0.047	−0.123	−0.012
拟合度检验	χ^2/df=1.876 CFI =0.948 TLI =0.943 $RMSEA$ =0.046 $SRMR$=0.061					

注：IND1－IND2＝心理安全感的中介效应－自我效能感的中介效应。

（三）调节效应检验

本研究在心理安全感对员工创新行为的影响模型中加入心理安全感和组织创新奖酬的交互项，在自我效能感对员工创新行为的影响模型中加入自我效能感和员工创新奖酬的交互项，构建调节效应模型，分别检验两个不同的交互项对员工创新行为的影响，结果见表 4.14。由表 4.14 可以看到，心理安全感和组织创新奖酬的交互项对员工创新行为的影响系数显著（β=0.427，p<0.001），说明组织创新奖酬在自我效能感与员工创新行为之间的调节作用存在，起到正向调节作用；自我效能感和组织创新奖酬的交互项对员工创新行为的影响系数显著（β=0.503，p<0.001），说明组织创新奖酬在自我效能感与员工创新行为之间的调节作用存在，起到正向调节作用。同时，为了更清晰明了地展示不同水平的组织创新奖酬下心理安全感对员工创新行为、自我效能感对员工创新行为的影响，本研究将组织创新奖酬的均值加减一个标准差，构建高组织创新奖酬和低组织创新奖酬两个组别，分别计算回归方程，根据回归系数绘制调节效应图。由图 4.6 可知，相较于低水平的组织创新奖酬，在高水平的组织创新奖酬下，心理安全感对员工创新行为的影响更大，故假设 H4 得到验证；由图 4.7 可知，相

较于低水平的组织创新奖酬水平，高水平组织创新奖酬下自我效能感对员工创新行为的影响更大，故假设 H5 得到验证。

表 4.14 调节效应检验结果

效应	Estimate	S. E.	Est. /S. E.	P value
PS×RFI→ECB	0.427	0.064	6.625	0.000
SE×RFI→ECB	0.503	0.051	9.841	0.000

注：PS 为心理安全感；SE 为自我效能感；RFI 为组织创新奖酬；EIB 为员工创新行为。

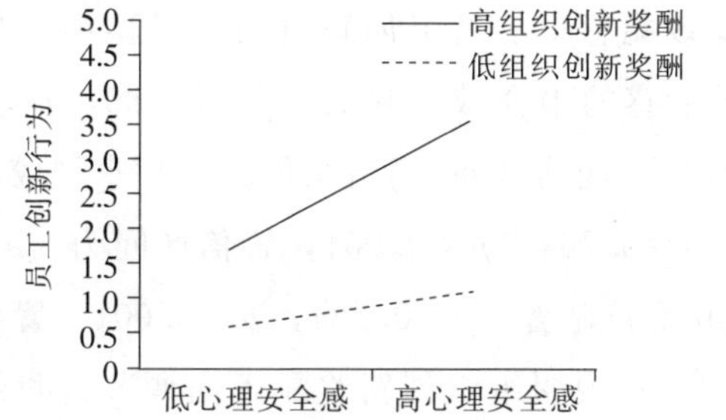

图 4.6 组织创新奖酬在心理安全感与员工创新行为间的调节效应图

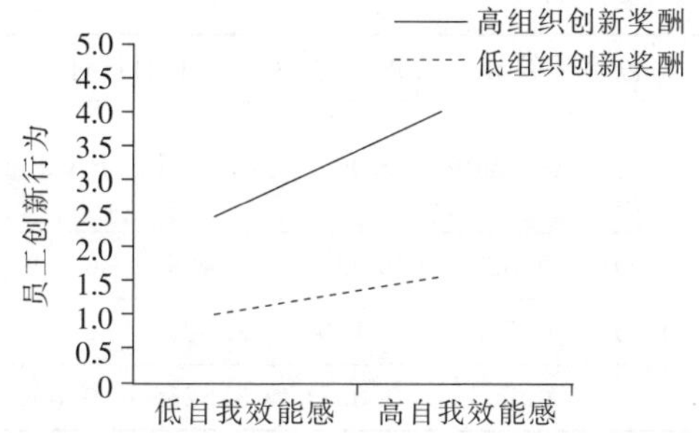

图 4.7 组织创新奖酬在自我效能感与员工创新行为间的调节效应图

（四）有调节的中介作用检验

本研究对于有调节的中介效应检验采用“中介效应差异检验”方法，通过对调节变量即组织创新奖酬的均值加减一个标准差，构成高低组织创新奖酬下心理安全感、自我效能感的条件中介效应，并比较不同水平下中介效应的差异是否显著，使用 Bootstrap 法计算出差异的置信区间。若置信区间不含0，则表明有调节的中介效应显著存在，结果如表4.15所示。

在包容性领导通过心理安全感影响员工创新行为的模型中，当组织创新奖酬水平较低时，心理安全感的中介效应显著（$\beta=0.323$，$p<0.001$，置信区间为［0.178，0.482］，不包括0）；当组织创新奖酬水平较高时，心理安全感的中介效应显著（$\beta=0.528$，$p<0.001$，置信区间为［0.292，0.787］，不包括0），同时两组差异显著（$\beta=0.205$，$p<0.001$，置信区间为［0.114，0.305］，不包括0）。这说明组织创新奖酬正向调节心理安全感在包容性领导与员工创新行为间所起的中介效应，假设H6得到验证。在包容性领导通过自我效能感影响员工创新行为的模型中，当组织创新奖酬水平较低时，自我效能感的中介效应显著（$\beta=0.480$，$p<0.001$，置信区间为［0.346，0.624］，不包括0）；当组织创新奖酬水平较高时，自我效能感的中介效应显著（$\beta=0.764$，$p<0.001$，置信区间为［0.547，0.998］，不包括0），同时两组差异显著（$\beta=0.284$，$p<0.001$，置信区间为［0.201，0.375］，不包括0）。这说明组织创新奖酬正向调节自我效能感在包容性领导与员工创新行为间所起的中介效应，假设H7得到验证。

表4.15　有调节的中介效应检验结果

包容性领导—心理安全感—员工创新行为						
效应	Estimate	S. E.	Est. /S. E.	P value	95%置信区间	
					下限	上限
低组织创新奖酬（−1SD）	0.323	0.093	3.489	0.000	0.178	0.482
高组织创新奖酬（+1SD）	0.528	0.150	3.521	0.000	0.292	0.787
两组差异	0.205	0.058	3.525	0.000	0.114	0.305
包容性领导—自我效能感—员工创新行为						
效应	Estimate	S. E.	Est. /S. E.	P value	95%置信区间	
					下限	上限
低组织创新奖酬（−1SD）	0.480	0.082	5.819	0.000	0.346	0.624
高组织创新奖酬（+1SD）	0.764	0.134	5.696	0.000	0.547	0.998
两组差异	0.284	0.053	5.404	0.000	0.201	0.375

注：两组差异＝高组织创新奖酬下条件中介效应－低组织创新奖酬下条件中介效应。

七、研究结论与管理启示

（一）研究结论

本研究以心理安全感、自我效能感为中介变量，组织创新奖酬为后半段调节变量，基于社会认知理论和动机理论，构建由心理安全感、自我效能感以及组织创新奖酬所组成的多重中介＋调节模型，旨在探讨包容性领导对员工创新行为作用的“黑箱”机制，并通过实证分析对本研究所提出的研究假设进行了验证，研究结论主要包括：

1. 包容性领导对员工创新行为存在显著的正向影响，即当企业中的领导表现出越多的包容性的领导风格和行为时，越能够有效地激发出员工的创新行为。

2. 心理安全感在包容性领导与员工创新行为之间起到了部分中介作用，即当企业中的领导表现出包容的领导风格与行为时，会使得员工的心理安全感得到提高，进而激发出更多的员工创新行为。

3. 自我效能感在包容性领导与员工创新行为之间起到了部分中介作用，即当企业中的领导表现出包容的领导风格和行为时，会使得员工的自我效能感得到提高，进而激发出更多的员工创新行为。且心理安全感、自我效能感在包容性领导与员工创新行为之间起到并行双重中介作用，心理安全感的中介效应显著小于自我效能感的中介效应。

4. 组织创新奖酬正向调节了心理安全感与员工创新行为的关系，即当企业中的组织创新奖酬处在较高水平时，心理安全感对员工创新行为的促进作用会越大；相反，当组织创新奖酬水平较低时，心理安全感对员工创新行为的促进作用会越来越少。

5. 组织创新奖酬正向调节了自我效能感与员工创新行为的关系，即当企业中的组织创新奖酬处在较高水平时，自我效能感对员工创新行为的促进作用会越大；相反，当组织创新奖酬水平较低时，自我效能感对员工创新行为的促进作用会越来越少。

6. 组织创新奖酬正向调节了心理安全感、自我效能感在包容性领导与员工创新行为之间的中介作用，即与低水平的组织创新奖酬相比，在高水平的组织创新奖酬下，心理安全感、自我效能感在包容性领导与员工创新行为之间的中介作用更强。

（二）理论贡献

1. 纵观以往对包容性领导的研究，多是从接受员工群体背景多样性、文化多样性的视角出发，强调的是“包”这一部分，即尊重不同员工的差异性，但却忽视了中国情境下“容错”的领导行为。因此，本研究从中国文化情境的独特视角出发，探讨包容性领导对员工创新行为的作用机制，丰富了包容性领导的理论研究，也拓宽了领导风格与员工创新行为之间的关系研究。

2. 本研究选取了心理安全感、自我效能感这两个同为心理认知却体现在不同方面的变量作为包容性领导与员工创新行为之间的中介变量。已有的包容性领导—员工创新行为之间的研究只单独考虑心理安全感或者自我效能感中的一种心理机制，本研究将两个变量纳入同一研究框架进行探讨，同时对两个中介效应的作用强弱进行了比较，更系统地揭示了包容性领导对员工创新行为的心理作用机制。

3. 以往对于包容性领导与员工创新行为之间的关系研究多从单独的认知角度或者是动机角度出发，鲜有研究整合认知与动机两种不同的视角。本研究将组织创新奖酬纳入研究框架中，对其在心理安全感、自我效能感与员工创新行为之间的调节效应以及包容性领导通过心理安全感、自我效能感影响员工创新行为的调节效应进行了分析，弥补了目前认知—动机的交互作用对创新行为影响研究的不足。

（三）管理启示

随着经济全球化的发展和中国社会经济的转型，企业所面临的外部环境愈发复杂多变，产品更新迭代的速度越来越快，对企业的生存和创新提出了更高的要求。而员工创新是企业创新的微观组成要素，如何激发员工创新行为是企业所亟须解决的问题。本研究关于包容性领导对员工创新行为的影响及其内在作用机制的研究对组织管理实践具有一定的指导意义。

1. 提高包容性的领导能力。研究表明包容性领导对员工创新行为存在显著的正向影响，因此组织应该塑造包容性领导风格，提高包容性的领导能力。第一，组织在聘用管理人员时，应该将包容性领导纳入选聘范围，考察该领导能否在管理过程中做到尊重和平等对待员工，鼓励员工参与、积极表达自身真实想法，包容员工的过错和失误，比如可以要求应聘者提供完整的述职报告，辅以包容性领导问卷调查该应聘者的包容性。第二，企业要营造包容性的组织结构以及组织氛围，通过构建包容性的组织文化，实施多样性的管理策略，鼓励部门之间的交流与合作，鼓励对不同员工个性化差异的包容，营造出“百家争鸣”的工作氛围，让员工能够大胆自由地说出自身的想法，让包容性的思想逐步渗透到组织的方方面面。当管理者拥有了包容性领导的能力和素质后，企业可以完善相关激励机制，例如在管理者的绩效考核计划中加入“在工作中体现出包容性领导该有的行为”这一项目，促使管理者持续地表现出包容性的领导行为，进而内化成自身的领导风格。第三，管理者自身要通过不断地进行自我反省和纠正，自我评估在管理过程中自身是否做到了足够的“包”和“容”，同时与下属积极平等地沟通，了解下属对领导方式的评判，根据下属的反馈，在不断的学习和实践中提高包容。

2. 关注心理安全感的建立和保护。研究表明，包容性领导有效通过心理安全感的中介作用激发员工创新行为，因此管理者应该密切关注包容性领导实施过程中员工心理安全感的建立与保护，加强企业人文关怀，以激发更多的员工创新行为。第一，企业要加强沟通管理，建立完备的沟通管理机制、良好的沟通平台，为企业员工表达自己的想法提供便捷渠道，同时及时给予员工沟通反馈，以减少员工的心理防御。第二，在企业内部举办各种群体活动，如体育比赛、部门团队间的联谊等社交活动，鼓励员工参加，增进员工间的交流和了解，使得员工之间建立和谐的人际关系，降低员工的人际风险。第三，尽可能提供舒适的工作环境来减少或缓和员工在工作环境中会面临的风险。

3. 注重自我效能感的提升与开发。研究表明，包容性领导有效通过自我效能感的中介作用激发员工创新行为，且自我效能感的中介效应大于心理安全感的中介效应，因此管理者更需要注重员工工作过程中自我效能感的提升。第一，管理者要注重对员工的自我效能感的培养，可以通过完善员工的培训体系，强化其工作能力、提升整体素质。同时，利用合理的工作设计，激发和挖掘员工潜力，从而有效强化员工自我效能感。第二，管理者的一言一行都会吸引下属注意，并潜移默化地影响下属的价值观和自我认知。管理者在工作过程中要帮助员工正确认识失败经历，给予他们解决问题的建议，鼓励下属接受挑战，使员工能形成对自我、困难和目标的正确认知，激发员工的信心和士气，产生更强的效能信念。

4. 健全企业创新奖酬制度。研究表明，组织创新奖酬水平越高，具备心理安全感和自我效能感的员工会表现出更多的创新行为，因此企业应该完善组织创新奖酬制度，有效激发员工的创新行为。管理者要在企业内部建立明确而健全的创新奖酬规章制度，明确奖酬的创新导向，例如在绩效考核的时候加入员工创新这一选项。同时，要丰富奖酬的类型，综合设立包括奖金、福利、晋升机会以及表扬等多方面的体制，提高激励水平，有效激发创新动机。

八、本章小结

本章主要是基于社会认知理论、动机理论，通过文献回顾，构建以心理安全感、自我效能感作为中介变量，组织创新奖酬作为调节变量的包容性领导对员工创新行为影响的理论模型。同时，通过问卷调查获得样本数据，并利用SPSS22.0、MPLUS7.0统计分析工具进行一系列信效度分析、同源偏差分析、描述性统计、相关性分析、回归分析和结构方程模型分析，对所建构的理论模型进行实证检验。根据理论和实证结论，提出管理建议。

第五章　包容性领导与员工创新行为：员工信任的中介作用和创新自我效能感的调节作用

一、研究假设

（一）包容性领导对员工创新行为的影响

包容性领导是一种接纳、尊重和欣赏员工，善于倾听员工意见，重视赞赏员工努力和奉献的领导方式。包容性领导风格突出体现了领导者对员工的尊重、认可、回应与责任。员工创新行为是企业创新活动的基础和源泉，企业持续竞争优势的获得离不开员工的创新性思想和创新性行为。员工创新的过程是从确认问题开始的，包括产生创新构想或解决方案，以及个体寻找自己的创新想法的支持，最后是将创新想法转化为现实“产品”。

包容性领导对员工创新行为的影响可以从社会交换理论视角来解释。首先，由“社会交换理论”可知，任何的人际关系本质上为交换关系，这种交换关系遵循互惠规范。互惠规范很好地解释了领导风格对员工的态度和行为的影响。包容性领导尊重和平等对待员工、善于倾听员工意见，能在组织中提供员工必要的社会情感支持，此时员工会产生一种回报组织的责任意识，从而积极主动地采取有利于组织发展的行为活动。其次，包容性领导能够营造出一种有利于员工开展创造性活动的组织氛围。领导在与下属交互活动的过程中，能够互相尊重、认可、回应和承担责任。在这种环境下，领导与员工共同完成任务、追求双赢，能充分激发员工的潜能和活力。并且由于包容性领导具有独特的魅力，其能通过勾勒愿景、树立榜样和超越自我利益等手段以支持员工在这种组织环境中进行创造性活动。

最后，中国情境下的包容性领导在与下属交往过程中，具有“包不同”和“容错误”两个特征。因此，包容性领导能够包容和接纳员工的不同之处、容忍员工无心的过失，当员工提出创新性的想法或者采取标新立异的行为时，不仅不会受到领导的忽视或者质疑而备受打击，相反会因为领导的包容而受到鼓舞，从而进行创新构想，其创新想法也会受到支持。此外，由于创新是一种高风险的活动，在将创新想法转化为新“产品”过程中可能会失败，若领导能够以宽容的态度对待下属可能出现的失败，那么员工则会勇于承受采取创新行为而带来的风险，其创新积极性得到提高。因此，提出以下假设：

H1：包容性领导正向影响员工创新行为。

（二）员工信任的中介作用

信任是建立在对对方行为意图的积极期望而愿意接受由此带来的风险的一种心理状态。员工信任本质上是指员工基于对领导重要行为的积极预期和评价，从而愿意接受领导期望员工完成的有风险性任务的意愿。马华维等人（2012）认为，员工信任包括两方面的内涵，即“表露”和“依赖”。其中“表露”维度是指员工愿意与领导反馈工作中的消极信息；而“依赖”维度则强调员工在关键时刻（如遇到工作困难或是面临重要决策等情形）对领导的信赖。

员工对领导的信任兼具认知因素和情感因素双重特征，认知信任源于员工对领导工作特征的信赖感知，如工作技能、专业知识和业绩水平等；情感信任源于员工对领导情感层面的感知，如尊重、个性化关怀以及关心员工心理需求等。一方面，包容性领导表现为领导者愿意参与工作讨论，用包容的态度倾听员工，并鼓励员工积极表达意见，面对员工的咨询会给出专业化意见，用行动参与到组织的管理中来。这种领导风格会提高员工的认知信任，增进员工对领导的“表露”程度。另一方面，由于包容性领导尊重和理解员工、支持员工个体发展，员工由于被尊重、被承认、被包容的强烈感知，进一步提升对领导的积极印象，从而提高了对领导的情感信任，使下属对领导产生依赖。综上，提出以下假设：

H2：包容性领导正向影响员工信任。

员工信任对员工创新行为的影响可以从以下几方面解释：首先，员工对领导信任越高，越会投入更多时间和精力于主动性行为中，并且不惧开展主动性行为可能造成的消极后果。具体表现为当员工在创新工作中出现失误或者需要帮助时，即使目前情形对自身不利，员工也会主动告知领导者自己在创新中的困扰并寻求领导者的帮助。此时，由于对上级的信任，员工将增加创新行为并放心大胆地实施。反之，若是员工对上级的信任受挫，则员工“表露”行为的减少，可能导致员工即便有创意的想法也会由于创新本身具有的风险减少告知上级，从而导致将创新行为扼杀于萌芽之中。其次，当员工在创新中遇到困难，基于对上级的信任，员工会对上级产生更多“依赖”即员工认为上级不会拒绝帮助自己，从而能够主动的寻求上级帮助并信赖上级的决策以促进创造性活动的成功和弥补失误造成的损失，这也有助于员工创新行为的顺利开展。最后，现代心理学研究指出，信任感会在个体的大脑皮层上形成一个兴奋灶，这个兴奋灶能刺激人的积极情绪，激发人的积极行为和创造性精神。综上，提出以下假设：

H3：员工信任正向影响员工创新行为。

H4：员工信任在包容性领导与员工创新行为之间起中介作用。

（三）创新自我效能感的调节作用

自我效能感被定义为个体对其能否利用自身所拥有的技能去完成特定工作任务的自信程度。创新自我效能感进一步表达了“个体对于其能否取得创新性成果的一种信念，即自己面对挑战性的任务时，能否创造性地完成工作任务、实现工作目标所需能力的信心评价”。

社会认知理论认为个体的内在信念最能影响个体行为，效能信念是个体行动的重要基础。由于创新活动具有天然的不确定性，因此对创造性努力的坚持需要一种不可动摇的效能感。自我效能感作为员工重要的心理认知，不仅能调动员工的情感、动机和行为，还能影响员工主动行为的选择和工作努力程度。一方面，员工的创新自我效能感越高，那么其越可能在创新行为过程中识别新问题与产生解决问题的新想法。另一方面，员工创新自我效能感越高，越可能会投入更多精力于实施解决问题的新想法和迎接实施想法过程中所遇到的挑战。

因此，当员工高度信任领导时，员工会产生一种领导不会因其创新失败而责罚自己的心理上的安全。此时若是员工对于自己有能力取得创新性成果表现出高度自信，那么其可能会采取更多积极主动的创新行为。即便当其在创新活动过程中遇到挫折与考验，其也更倾向于采取更多的努力去迎接挑战、直面创新行为所带来的风险。反之，创新自我效能感低的员工，在进行创新行为中可能会表现出一种不太自信的态度，当创新行为受挫时可能会轻易放弃，此时即便员工基于对上级信任认为其不会责罚自己，由于畏难等原因也可能会减少创新行为。即员工创新自我效能感越低，员工信任与员工创新行为正向关系会变弱。基于此，提出以下假设：

H5：创新自我效能感正向调节员工信任与员工创新行为之间的关系。即员工创新自我效能感越高，员工信任与员工创新行为之间的正向影响作用越强。

（四）有调节的中介作用

由假设 H4 和假设 H5 可知，员工信任在包容性领导与员工创新行为之间的中介作用受到创新自我效能感的调节。即包容性领导通过员工信任对员工创新行为产生影响，但该中介效应的大小依赖于员工创新自我效能感的水平。具体而言，员工创新自我效能感水平越高，员工信任的中介作用越强，包容性领导越能通过员工信任来影响员工创新行为。反之，员工创新自我效能感水平越低，员工信任的中介作用越弱，员工信任在包容性领导与员工创新行为之间的传导作用越弱。据此，提出被调节的中介作用假设：

H6：员工创新自我效能感调节了员工信任在包容性领导和员工创新行为关系间的中介作用，即当员工具有较高创新自我效能感时，员工信任在包容性领导与员工创新行为之间所起的中介作用更强。

综合以上假设，构建研究模型如图 5.1 所示：

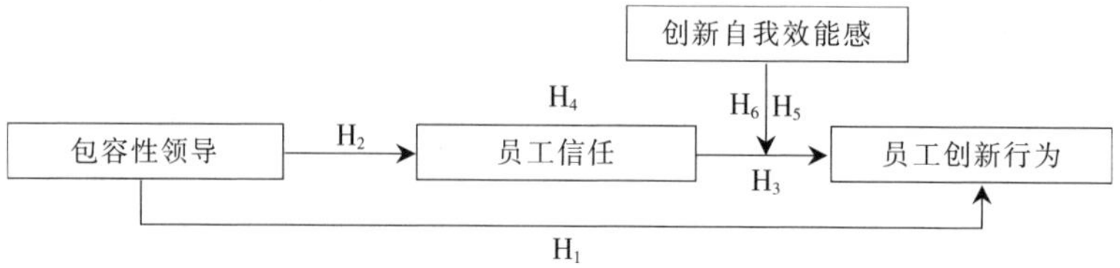

图 5.1 研究模型

二、研究设计

（一）数据搜集

本研究采用多时点问卷调查法进行数据搜集，问卷调查对象主要来源于湖南、广东等省份的高新技术行业、制造业、服务业的部分企业员工。在进行问卷调查时，调研对象被告知所需填写的内容仅作学术研究之用，且完全匿名。本次调查共收集到有效问卷 253 份，在这些员工中，男性员工有 156 人，占比 61.66%，女性员工 97 人，占比 38.34%。30 岁以下 135 人，占比 53.36%；31—40 岁为 80 人，占比 31.62%；41 岁及以上 38 人，占比 15.02%。硕士及以上学历 6 人，占比 2.37%；本科学历 84 人，占比 33.2%；专科学历 40 人，占比 15.81%；高中及以下学历 123 人，占比 48.62%。工作 1—3 年 97 人，占比 38.34%；工作 4—6 年 55 人，占比 21.74%；工作 7—9 年 49 人，占比 19.37%；工作 10 年及以上 52 人，占比 20.55%。职位为普通员工 155 人，占比 61.26%；基层管理者 68 人，占比 26.88%；中层管理者 27 人，占比 10.67%；高层管理者 3 人，占比 1.19%。具体样本情况如表 5.1 所示。

表 5.1　有效样本的人口统计特征

人口统计学特征		人数（人）	百分比（%）
性别	男性	156	61.66
	女性	97	38.34
年龄	30 岁及以下	135	53.36
	31—40 岁	80	31.62
	41 岁及以上	28	15.02
教育程度	高中及以下	123	48.62
	专科	40	15.81
	本科	84	33.20
	硕士及以上	6	2.37
工作年限	1—3 年	97	38.34
	4—6 年	55	21.74
	7—9 年	49	19.37
	10 年及以上	52	20.55

续表

人口统计学特征		人数（人）	百分比（%）
工作职位	普通员工	155	61.26
	基层管理者	68	26.88
	中层管理者	27	10.67
	高层管理者	3	1.19

（二）变量测量

本研究主要变量选用国内外学者的经典成熟量表进行测量，各量表均采用 Likert—5 点量表形式评分，从 1 到 5 表示“非常不同意”到“非常同意”。

1. 包容性领导

借鉴 Carmeli 等（2010）的包容性领导（inclusive leadership）量表，共 9 个题项，典型题项包括“领导鼓励我积极参与到工作决策中”“当我出现工作错误时，领导会给予我鼓励和支持”等（表 5.2）。经测量，该量表的 Cronbach′α 系数为 0.868，表明可靠性较高；该量表的$\chi^2/df=1.324$，RMSEA = 0.036，CFI = 0.995，TLI = 0.992，SRMR = 0.021，CR = 0.868，AVE=0.527，表明该量表具有良好收敛效度与结构效度。

表 5.2　包容性领导测量量表

题项	题项内容
IL1	领导总是能抓住新的机遇去推进工作进程或改善工作状态
IL2	领导鼓励我积极参与工作决策当中
IL3	领导愿意倾听新的观点
IL4	领导愿意采纳我的建议
IL5	当我在工作中遇到问题时，领导愿意为我提供帮助
IL6	当我向领导咨询问题时，领导能为我提供专业化的建议
IL7	领导愿意参与讨论工作中出现的问题
IL8	领导能够体谅我的失败或错误
IL9	领导在我出现工作错误时，会给予我鼓励和支持

2. 员工信任

参考马维华等学者（2012）开发的员工信任（employee's trust in direct supervisor）量表，共 5 个题项，典型题项包括“当我遇到困难时，我愿意依赖领导的支持和帮助”“我愿意将我在工作中出现的错误告诉领导”等（见表 5.3）。经测量，该量表的 Cronbach'α 系数为 0.826，表明可靠性较高；该量表的 $\chi^2/df=1.458$，$RMSEA=0.043$，$CFI=0.994$，$TLI=0.989$，$SRMR=0.021$，$CR=0.828$，$AVE=0.491$，虽然该量表的 AVE（平均方差萃取量）略低于标准值 0.5，但由其他项可知该量表仍具有良好收敛效度与结构效度。

表 5.3　员工信任测量量表

题项	题项内容
ET1	当我遇到困难时，我愿意依赖其支持和帮助
ET2	我愿意将我在工作中犯的错误告诉他/她
ET3	当我在重要问题上举棋不定时，我愿意依赖其意见
ET4	我愿意信赖其做出的工作决策
ET5	我愿意向其指出工作中的问题，即使对我不利
ET6	我愿意向其如实反馈自己在工作中的困扰，即使对我不利

3. 创新自我效能感

选用 Tierney 等（1986）的创新自我效能感（creative self-efficacy）量表，共 7 个题项，典型题项包括“我相当肯定自己能够创造性地完成有挑战性的工作任务”“我坚信自己能创造性地完成多种不同的工作任务”等（见表 5.4）。经测量，该量表的 Cronbach'α 系数为 0.924，表明可靠性较高；该量表的 $\chi^2/df=2.410$，$RMSEA=0.075$，$CFI=0.983$，$TLI=0.974$，$SRMR=0.023$，$CR=0.924$，$AVE=0.634$，表明该量表具有良好收敛效度与结构效度。

表 5.4　创新自我效能感测量量表

题项	题项内容
CSE1	我能用创新的工作方式实现我定下的大部分目标
CSE2	面对困难任务，我相当肯定自己能够创造性地完成
CSE3	总体来说，我认为自己能够以创新方法获得重要的成果
CSE4	我大多时候能将自己的创新想法变成现实
CSE5	我能创造性地应对多种挑战
CSE6	我有信心创造性地完成多种不同的工作任务
CSE7	与其他人相比，我在工作中创意十足
CSE8	即使事情艰难，我仍然能创造性地做好它

4. 员工创新行为

选用 Scott 等（1994）的员工创新行为（employee creative behavior）量表，共 5 个题项，典型题项包括“工作中我会主动寻求运用新技术或新方法”“我经常会产生一些有创意的点子或创新性想法”等（见表 5.5）。经测量，本研究中该量表的 Cronbach′α 系数为 0.862，表明可靠性较高；该量表的 χ^2/df=2.121，$RMSEA$=0.067，CFI=0.989，TLI=0.979，$SRMR$=0.021，CR=0.862，AVE=0.556，表明该量表具有良好收敛效度与结构效度。

表 5.5　员工创新行为测量量表

题项	题项内容
ECB1	在工作中，我会积极寻求应用新流程或新技术
ECB2	我经常会迸发有创意的点子或者产生创新性的想法
ECB3	我会与他人交流并宣传我的新想法
ECB4	为了实现我自己的想法或创意，我会设法获取我所需要的资源
ECB5	我将积极制订适当的计划和规划，以实现创新的想法

5. 控制变量

根据以往研究经验，性别、年龄、受教育程度、工作年限、工作职位等变量对员工创新行为有影响，因此本文将这些变量设置为控制变量。对于这些变量的测量如下：性别（1＝男，2＝女）；年龄（1＝30 岁及以下，2＝31－40 岁，3＝41 岁及以上）；受教育程度（1＝高中及以下，2＝专科，3＝本科，4＝硕士及以上）；工作年限（1＝3 年以下，2＝4－6 年，3＝7－9 年，4＝10 年及以上）；工作职位（1＝普通员工，2＝基层管理者，3＝中层管理者，4＝高层管理者）。

三、信度效度检验

（一）信度检验

变量的信度本研究采用组成信度（Composite Reliability，简称 CR）的计算值来检验。学者们一般都认为 CR 的阈值应为 0.7，如 Joreskog，Sorbom（1989）、Hair（1998）都认为组成信度大于 0.7 说明变量具有较高的内部一致性。也有一些学者认为组成信度至少要 0.6 以上（Bagozzi，Yi，1988）；而有部分学者建议组成信度系数 CR 为 0.5 以上都可以接受，系数低于 0.5 则说明信度较差，不能接受（Raines－Eudy，2000；Wodak，2000）。在本研究中，我们采用 0.7 作为判定标准，系数越高，则信度越高。

如表 5.6 所示，包容性领导 6 个题项的因素载荷量在 0.602～0.823 范围内，同时在 0.001 水平上显著，符合要求，且包容性领导的组成信度 CR＝0.868，大于 0.7，说明包容性领导量表具有很好的内部一致性。

表 5.6　包容性领导量表的信度检验

Item	Estimate	S. E.	Est. /S. E.	P－Value	CR
IL1	0.823	0.027	30.678	0.000	0.868
IL2	0.722	0.035	20.528	0.000	
IL3	0.760	0.032	23.673	0.000	
IL4	0.784	0.030	25.952	0.000	
IL5	0.602	0.045	13.430	0.000	
IL6	0.637	0.042	15.093	0.000	

如表 5.7 所示，员工信任 5 个题项的因素载荷量在 0.652～0.771 范围

内，同时在0.001水平上显著，符合要求，且包容性领导的组成信度CR=0.828，大于0.7，这就说明了员工信任量表具有很好的内部一致性。

表5.7 员工信任量表的信度检验

Item	Estimate	S. E.	Est. /S. E.	P－Value	CR
ET1	0.669	0.043	15.709	0.000	0.828
ET2	0.708	0.040	17.727	0.000	
ET3	0.698	0.040	17.263	0.000	
ET4	0.771	0.035	21.871	0.000	
ET5	0.652	0.044	14.819	0.000	

如表5.8所示，创新自我效能感7个题项的因素载荷量在0.770～0.825范围内，同时在0.001水平上显著，符合要求，且包容性领导的组成信度CR=0.924，大于0.7，这就说明了员工信任量表具有很好的内部一致性。

表5.8 创新自我效能感量表的信度检验

Item	Estimate	S. E.	Est. /S. E.	P－Value	CR
CSE1	0.788	0.027	29.209	0.000	0.924
CSE2	0.770	0.029	26.890	0.000	
CSE3	0.800	0.026	31.021	0.000	
CSE4	0.794	0.026	30.165	0.000	
CSE5	0.817	0.024	33.829	0.000	
CSE6	0.825	0.023	35.175	0.000	
CSE7	0.780	0.028	28.141	0.000	

如表5.9所示，员工创新行为5个题项的因素载荷量在0.736～0.768范围内，同时在0.001水平上显著，符合要求，且包容性领导的组成信度CR=0.862，大于0.7，这就说明了员工创新行为量表具有很好的内部一致性。

表 5.9　员工创新行为量表的信度检验

Item	Estimate	S. E.	Est. /S. E.	P－Value	CR
ECB1	0.739	0.035	21.140	0.000	0.862
ECB2	0.768	0.033	23.297	0.000	
ECB3	0.745	0.035	21.386	0.000	
ECB4	0.741	0.035	21.097	0.000	
ECB5	0.736	0.035	20.806	0.000	

（二）效度检验

1. 内容效度

内容效度主要是指所测的量表是否能够完全包涵变量的内容（Lynn，1986）。前文已述及，本研究对涉及的 4 个关键变量量表的选取均是借鉴于国内外成熟的量表，且以往很多研究都验证了这些量表具有较高的信效度，因而本研究认为所选取的量表具有较好的内容效度。

2. 收敛效度

收敛效度主要是指测量同一变量的不同问题的有效性程度（Fornell，Lacker，1981）。常用的收敛效度检验方法主要是根据平均方差萃取量（Average Variance Extracted，简称 AVE）的大小判断观察变量的累积方差解释率是否超过误差方差（Carminnes，Zeller，1979）。通常情况下，学者建议 AVE 的阈值为 0.5，即当 AVE 值大于 0.5 时，变量具有较高的收敛效度（Fornell，Lacker，1981）。除此之外，也有学者认为 AVE 值在 0.3－0.5 之间，是可以接受的（Bagozzi，Yi，1988）。本研究根据以往学者的建议，认为 AVE 值处于 0.3－0.5 范围内可以接受，大于 0.5 说明收敛效度良好。

如表 5.10 所示，本研究对四个关键变量分别进行了 AVE 值计算。由表 5.10 可知，包容性领导和员工创造力 2 个变量的 AVE 值大于 0.5，心理可得性和工作复杂性 2 个变量的 AVE 值处于 0.3－0.5 之间，处于可接受范围内。总体而言，本研究涉及的四个关键变量的收敛效度较好。

表 5.10　收敛效度检验结果

变量	Item	Estimate	SMC	AVE
包容性领导	IL1	0.823	0.677	0.527
	IL2	0.722	0.521	
	IL3	0.760	0.578	
	IL4	0.784	0.615	
	IL5	0.602	0.362	
	IL6	0.637	0.406	
员工信任	ET1	0.669	0.448	0.491
	ET2	0.708	0.501	
	ET3	0.698	0.487	
	ET4	0.771	0.594	
	ET5	0.652	0.425	
创新自我效能感	CSE1	0.788	0.621	0.634
	CSE2	0.770	0.593	
	CSE3	0.800	0.640	
	CSE4	0.794	0.630	
	CSE5	0.817	0.667	
	CSE6	0.825	0.681	
	CSE7	0.780	0.608	
员工创新行为	ECB1	0.739	0.546	0.556
	ECB2	0.768	0.590	
	ECB3	0.745	0.555	
	ECB4	0.741	0.549	
	ECB5	0.736	0.542	

3. 区分效度

区分效度主要是指不同变量的测量表现出的差异化程度的大小（Simonni，1999）。常见的检验区分效度的方法有两种：其一，比较每个变量的平均方差萃取量（AVE）的平方根与其和其他变量间的相关系数的大小，如果前者远大于后者，则说明不同变量之间具有较高的区分效度（Fornell，Larcker，1981）。其二，通过 SEM 测量模型，比较由不同变量组成的模型的拟合优度指标，若研究模型显著优于其他替代模型，则同样说明不同变量之间具有较高的区分效度（Podsakoff，Mackenzie，Lee，2003）。本研究拟采用第一种方法检验，结果见表 5.11。由表 5.11 可知，4 个变量 AVE 值的平方根（对角线加粗部分）均明显大于其和其他变量的相关系数，这就说明本研究采取的 4 个变量之间具有较好的区分效度。

表 5.11　区分效度检验结果

变量	区分效度			
	IL	ET	ESE	EIB
包容性领导	**(0.726)**			
员工信任	0.726**	**(0.701)**		
创新自我效能感	0.188**	0.171**	**(0.796)**	
员工创新行为	0.521**	0.505**	0.486**	**(0.746)**

注：** 表示在 0.01 水平上显著，* 表示在 0.05 水平上显著，下同。对角线为 AVE 的平方根值，下三角为变量间的相关系数。

进一步运用 MPLUS7.0 进行验证性因子分析，将基准模型（四因子模型）与竞争模型（三因子、二因子、单因子模型）的拟合指标进行对比，以检验变量之间的区分效度。由表 5.12 可知，基准模型的拟合指标（$\chi^2=363.712$，$df=224$，$\chi^2/df=1.624$，$RMSEA=0.050$，$CFI=0.956$，$TLI=0.950$，$SRMR=0.045$）明显比竞争模型更好。可见本研究中的主要变量具有良好的区分效度。

表 5.12　验证性因子分析结果

模型	χ^2	df	χ^2/df	*RMSEA*	*CFI*	*TLI*	*SRMR*
四因子模型：包容性领导、员工信任、创新自我效能感、员工创新行为	363.712	224	1.624	0.050	0.956	0.950	0.045
三因子模型：包容性领导＋员工创新行为、员工信任、创新自我效能感	670.978	227	2.956	0.088	0.860	0.844	0.087

续表

模型	χ^2	df	χ^2/df	$RMSEA$	CFI	TLI	$SRMR$
二因子模型：包容性领导＋员工信任＋员工创新行为、创新自我效能感	732.518	229	3.199	0.093	0.841	0.825	0.095
单因子模型：包容性领导＋员工信任＋创新自我效能感＋员工创新行为	1699.816	230	7.391	0.159	0.536	0.490	0.158

四、同源偏差检验

运用 Harman 单因子分析方法进一步检验数据是否存在严重的同源偏差。通过主成分因子分析对所有题项进行分析，在进行分析时不进行旋转，得出第一个因子的解释方差占总体的 35.767%，未占到总解释方差的 40%。因此，本研究所采用的数据的同源偏差问题并非十分严重。

五、描述性统计与相关性分析

各变量平均数、标准差以及变量间的相关系数结果如表 5.13 所示。其中，包容性领导与员工信任显著正相关（$r=0.726$，$p<0.01$）；包容性领导与员工创新行为显著正相关（$r=0.521$，$p<0.01$）；员工信任与员工创新行为显著正相关（$r=0.505$，$p<0.01$）；创新自我效能感与员工创新行为显著正相关（$r=0.486$，$p<0.01$）。相关性分析结果初步证实了研究假设，如表 5.13 所示。

表 5.13　描述性统计与相关性系数

变量	1	2	3	4	5	6	7	8	9
性别	—								
年龄	−0.064	—							
教育程度	0.191**	−0.344**	—						
工作年限	−0.150*	0.632**	−0.559**	—					
工作职位	0.024	0.260**	0.068	0.160*	—				
包容性领导	−0.059	0.120	−0.204**	0.097	0.098	(0.866)			
员工信任	−0.099	0.137*	−0.124*	0.060	0.139*	0.726**	(0.826)		
创新自我效能感	−0.108	0.148*	−0.111	0.194**	0.059	0.188**	0.171**	(0.924)	
员工创新行为	−0.085	0.165**	−0.194**	0.177**	0.182**	0.521**	0.505**	0.486**	(0.862)
M	1.383	1.379	1.893	2.542	1.320	3.739	3.666	3.736	3.667
SD	0.488	0.616	0.951	1.599	0.652	0.642	0.648	0.773	0.622

注：*M* 为均值；*SD* 为标准差；* 表示 $p<0.05$，** 表示 $p<0.01$，*** 表示 $p<0.001$，下同；括号内为 Cronbach'α 系数。

六、假设检验

运用 SPSS22.0 做分层线性回归分析对直接效应和调节效应进行检验，回归分析结果如表 5.14 所示。由表 5.14 可知，包容性领导显著正向影响员工信任（$\beta=0.724$，$p<0.001$，模型 2），假设 H2 得到验证。包容性领导显著正向影响员工创新行为（$\beta=0.472$，$p<0.001$，模型 4），假设 H1 得以验证。员工信任与创新自我效能感的交互作用显著正向影响员工创新行为（$\beta=0.126$，$p<0.001$，模型 6），说明员工信任对员工创新行为的影响受到员工创新自我效能感的调节作用，假设 H5 得以验证。由调节效应图（图 5.2）亦可知，创新自我效能感在员工信任与员工创新行为间起正向调节作用，即创新自我效能感越高，员工信任对员工创新行为的正向预测作用越强。假设 H5 得以进一步验证。

表 5.14　直接效应和调节效应检验

变量	员工信任			员工创新行为		
	*M*1	*M*2	*M*3	*M*4	*M*5	*M*6
性别	−0.115	−0.089	−0.066	−0.049	0.022	0.036
年龄	0.143	0.088	0.047	0.011	−0.025	−0.018
教育程度	−0.103*	0.015	−0.113*	−0.036	−0.073	−0.054
工作年限	−0.059	−0.028	0.006	0.026	0.005	0.007
工作职位	0.139*	0.058	0.172**	0.119*	0.107*	0.095*
主效应						
包容性领导		0.724***		0.472***		
员工信任					0.395***	0.402***
创新自我效能感					0.322***	0.325***
调节效应						
员工信任×创新自我效能感						0.132**
调整的 R^2	0.037	0.529	0.062	0.287	0.425	0.445
ΔR^2	0.057	0.484	0.081	0.223	0.360	0.021
F	2.963*	48.199***	4.357***	17.933***	27.643***	26.235***

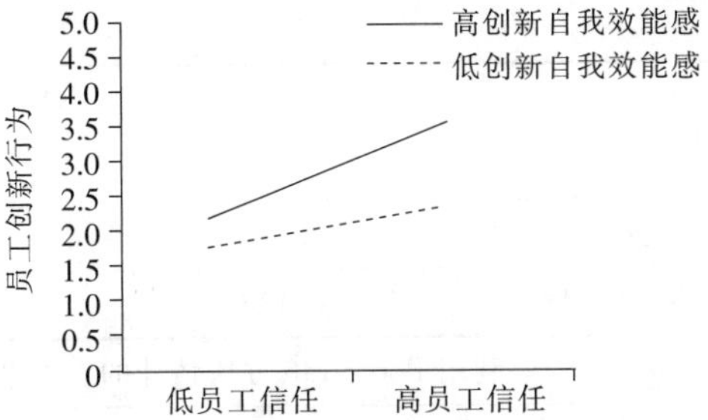

图 5.2　创新自我效能感的调节效应图

通过在 SPSS22.0 中安装 Process3.0 插件，运用 Bootstrap 方法进行中介效应检验，选择 5000 的样本量，在 95%置信区间下，中介检验的结果见表 5.15。由表 5.15 可知，包容性领导对员工信任影响系数显著（β=0.733，$p<0.001$），假设 H2 得到进一步验证；员工信任对员工创新行为影响系数显著（β=0.257，$p<0.001$），假设 H3 得以验证；员工信任在包容性领导与员工创新行为之间的中介效应显著（β=0.188，$p<0.001$），且检验结果显示员工信任的置信区间不包含 0（*LLCI* = 0.0597，*ULCI* = 0.3339），假设 H4 得以验证。由此可知，员工信任在包容性领导与员工创新行为之间的中介作用存在，且起部分中介作用。

表 5.15　中介效应检验

影响路径（*path*）	*effect*	*se*	*t*	*p*	*BC*95%*CI*
a：包容性领导→员工信任	0.733***	0.044	16.730	0.000	[0.6464，0.8189]
b：员工信任→员工创新行为	0.257***	0.074	3.497	0.000	[0.1123，0.4020]
c₵：包容性领导→员工创新行为	0.316***	0.074	4.256	0.000	[0.1697，0.4619]
c：总效应	0.504***	0.052	9.669	0.000	[0.4015，0.6069]
中介效应	0.188***	0.069	—	0.000	[0.0597，0.3339]

表 5.16　有调节的中介效应检验结果

预测变量	员工创新行为	
	β	*se*
包容性领导	0.251***	0.065
员工信任	0.242***	0.064

续表

预测变量	员工创新行为				
	β		*se*		
创新自我效能感	0.319***		0.038		
员工信任×创新自我效能感	0.136***		0.041		
创新自我效能感	利用 Bootstrap 方法估计的有调节的中介效应				
	中介效应	*se*	*t*	*p*	*BC*95%*CI*
2.963	0.137	0.070	1.958	0.051	[−0.0008, 0.2744]
3.736	0.242***	0.064	3.768	0.000	[0.1154, 0.3682]
4.509	0.347***	0.073	4.744	0.000	[0.2029, 0.4909]

进一步采用 Bootstrap 方法检验有调节的中介效应，检验结果如表 5.16 所示。由表 5.16 可知，在创新自我效能感较高时（即创新自我效能感处于均值和高于一个标准差的水平上），员工信任在包容性领导与员工创新行为之间的中介效应显著（分别为 $\beta=0.242$ 和 0.347，$p<0.001$），且 95%的置信区间均不包含 0。当创新自我效能感低时（均值减一个标准差），员工信任在包容性领导与员工创新行为之间的中介效应不显著。说明相比较于低创新自我效能感，在高创新自我效能的条件中，员工信任在包容性领导与员工创新行为之间所起的中介作用更强。由此可知，假设 H6 得以验证。

七、研究结论与管理启示

（一）研究结论

基于社会认知理论构建了以员工信任为中介变量和创新自我效能感为调节变量的有调节的中介模型，基于实证分析，得出以下结论：（1）包容性领导对员工创新行为有显著正向影响，并且员工信任在两者之间起部分中介作用。（2）创新效能感显著正向调节员工信任在包容性领导与员工创新行为之间的中介作用，即：创新自我效能感越高，员工信任对员工创新行为影响越强。（3）员工创新效能感对员工信任的中介效应起调节作用，即相比较于低创新自我效能感，在高创新自我效能感的条件中，员工信任在包容性领导与员工创新行为之间所起的中介作用更强。

其理论贡献在于：（1）引入员工信任作为中介变量，不仅拓宽了员工创新行为的前因研究，也为理解包容性领导对员工创新行为的作用提供了一个可供参考的理论框架。（2）以往自我效能感常被作为中介变量解释个体工作行为，本研究将创新自我效能感作为调节变量，证实了员工创新自我效能感在员工信任与员工创新行为关系中的调节作用，拓展了包容性领导通过员工信任对员工创新行为影响机制的边界条件。

（二）管理启示

1. 企业应当注重形成包容性领导方式。其一，企业可通过形成包容并蓄、聆听意见的组织文化，创造具有良好包容性的组织氛围。其二，企业可通过招聘甄选出具有包容性特质的领导人员，营造一个充满包容性氛围的组织环境。其三，企业可通过进行专项培训，使领导具备广开言路，兼容并包的素质。

2. 企业应当注重提升员工信任感。若是员工对上级信任受挫，则会导致其行为拘束、工作积极性、归属感和安全感下降。因此，企业可以通过构建和谐的雇佣关系，增强员工的安全感与归属感，提升员工信任感。通过构建包容性组织文化，引导包容性领导风格，提升员工信任感。

3. 企业应当提高员工创新自我效能感。员工的创新自我效能感越高，那么其对自身能否利用自己的才智去实现创新的自信能力越强，那么其越会采取创新行为。人们察觉到效能的程度的影响因素有很多，例如任务的难度、接受外部的援助的多少等。因此，企业可以通过设置具有一定挑战性但不是不可能的目标、提供一个良好的外部支持环境以及激励性的奖励制度等来提高员工创新自我效能感。

八、本章小结

本章主要是基于社会交换理论和社会认知理论构建以员工信任作为中介变量，自我效能感作为调节变量的包容性领导对员工创新行为的影响机制模型。同时，通过问卷调查获得样本数据，并运用 SPSS22.0 和 MPLUS7.0 软件对问卷数据进行一系列信效度分析、同源偏差分析、描述性统计、相关性分析、回归分析和结构方程模型分析，对所建构的理论模型进行实证检验。根据理论和实证结论，提出管理建议。

第六章　主动性人格与员工创新行为：创新自我效能感的中介作用和领导创新鼓励的调节作用

一、研究假设

（一）主动性人格和员工创新行为

主动性人格由 Bateman 和 Crant（1993）定义为相对能够摆脱周围环境的制约，可以识别并积极寻求机会，会主动采取行动并持之以恒，最终获得较为满意结果的一种人格特质。他们讨论了组织行为的积极因素，介绍了一种“主动型人格”的衡量标准。积极主动的行为是为了识别人与人之间的差异，在某种程度上他们能够采取行动来影响周围的环境。大多学者都认同所有个体均具备主动性潜质，而由于个体动机和特质的差异，个人表现出不同程度的主动性行为。相较高主动性人格的员工，那些低主动性人格的员工表现出相反的行为模式，他们的行为无法被识别，更不用说抓住改变情境的机会，因此在组织中会受到环境的约束。

员工创新行为一般包括以下几个步骤，个人识别到目前情境中所存在的问题，产生解决当前问题的思路并且能够将想法付诸实践之中，能够在工作实践中执行指定的计划等。即员工个人产生、推广和实践自己新想法的一个过程，最终形成商品化的产品或服务，从而实现提高组织绩效与竞争力的目标。员工创新行为和个体创造力概念相似，但二者仍存在差异。员工个人的创新行为是真实存在并已经发生的行为，而创造力则更多理解为一种意识形态，员工个人的创新行为通常出现于员工本职范围之外，属于一种角色外行为。创新通常被视为一种过程，包括新想法的产生、推动构想的实现等一系列结构化的程序。

计划行为理论认为个人行为的产生来源于个体存在的行为意向，而个体的行为态度、主观规范和知觉行为能够对个体的行为意向造成影响。究其根本，个体的特征（如人格、智力、经验等）是影响个体行为的根本因素，其是通过影响个体的行为信念来间接对个体的行为态度、主观规范和知觉行为控制产生影响。即使个体的行为是由个人内部因素和个人外部因素来共同决定的，但相较而言，个体内部人格特质是其根本原因。作为创新导向的角色外行为，员工创新行为更多来源于员工个体创造性的行为倾向，不受外部强制实施，因此其是一种主动性行为。主动性人格作为主动行为前因变量之一，能正向预测包括员工创新在内的主动性行为。回顾文献发现已有研究证实了两者确实存在着积极的促进关系，如 Seibert（2001）利用长达两年的时间对多达 180 名美国企业的全职员工进行追踪调查之后，揭示了主动性行为对职业生涯成功具有的内在影响机制，同时验证了主动性人格通过四个变量影响职业生涯成功，其中就包含了员工创新行为。Joo（2014）的研究则发现，5 个韩国公司中的知识型员工除领悟学习文化、领导成员交换质量和工作自主性这三个变量之外，主动性人格与其创新行为之间也存在着显著的积极关系。张振刚等学者（2016）的研究结果则表明，主动性人格显著影响了员工创新行为，其中知识分享发挥部分中介作用，同时创新氛围负向调节主动性人格、知识分享与员工创新行为之间的关系。逄键涛等（2016）所做的研究实证检验了主动性人格与员工创新行为之间存在的内在关系，并验证了主动性人格确实对员工的创新行为存在着积极的正向影响。因此，本文有理由认为：

H1：主动性人格与员工创新行为之间存在显著正向的关系。

（二）创新自我效能感的中介作用

创新自我效能感是由 Tierney 和 Farmer（2002）根据自我效能感这一概念相关研究领域的思路进行深入的探究，通过借鉴 Amabile（1996）所提出的创造力理论从而提出的一个全新的概念，他们将其运用于具体领域并将其定义为个人对产生创造性想法的能力的信念。这种自我效能感被认为是一种创造的框架，这一概念的提出为研究个体创新行为提供了崭新的视角。创新自我效能感与 Bandura（1977）所提出的一般自我效能感有显著区别，创新自我效能感是自我效能感理论在创新这一具体领域的运用而不是个人对于自己综合能力所进行的主观判断，是对于自身能否产生创新性构想、获得支持采取措施，最终取得创新成果的信念。由此，本文定义创新自我效能感为：员工个体在其具体工作的过程中对于自身能否产生创新性想法、获得创新性成果的信念。

创新自我效能感作为个人对其自身产生的一种主观认知，作为其评价主体的个人必然是研究重点。主动性人格为独立人格特质，其他人格理论并未涉及，目前仅教育领域的学者关注并实证检验了主动性人格与自我效能感之间存在的内在联系，其他领域鲜有涉及。在工作中，拥有主动性人格特质的员工，他们善于改造外界、摆脱环境的制约、迎难而上、坚持不懈，与低主动性人格的个体相比，他们更有信心应对所处的环境。高主动性人格个体获得成功之后，他们的自信心进一步增强，即自我效能感得到显著提升。Parker 和 Sprigg（1999）研究证明，拥有较高主动性人格的个体相较低主动性人格的个体更热衷于掌控自己的工作，从而增强其责任感以及自我效能感，继而提升技能并促进知识的获取，最终便有助于推动主动性人格的产生。由此本研究推断主动性人格能够对创新自我效能感产生显著的正向影响。

认知心理学认为个人的认知过程极为重要地影响着其行为的塑造，且个人的创新行为存在不确定性和复杂性，加上中国管理情境较强的规范性，创新需要较强的自我效能感。创新自我效能感高的员工拥有更多的信心，坚信其能够获得成功，面对挑战迎难而上，敢于进行创新思考并提出创新性建议，这有助于创新行为的产生。顾远东和彭纪生（2011）以 478 名在职员工作为样本进行调查，其调查结果检验了创新自我效能感对员工创新行为产生的直接作用，并且进一步探究了创新自我效能感与员工创新行为的作用路径，将成就动机和工作卷入两个变量引入模型。Puente－Diaz（2015）、王双龙（2015）、李珲和丁刚（2015）的研究结果均表明创新自我效能感对员工创新行为具有积极影响。因此，本文有理由认为：

H2：主动性人格和员工创新行为两者之间存在显著的正向关系。

H3：创新自我效能感和员工创新行为两者之间存在显著的正向关系。

H4：主动性人格通过创新自我效能感的中介来影响员工创新行为。

（三）领导者创新鼓励的调节作用

领导者创新鼓励是指领导者对员工的创造力及员工积极参与创新成果产出过程的重视程度。特征激活理论认为个体对于情境的知觉能够调节个体特征对于行为的影响效果。而情境则可以按照其强度的大小分为强情境和弱情境两大类，强情境能够促使个体做出相对一致的反应即对于个体的行为提出了较为明确的要求；弱情境下个体特征不同会造成对情境的认知与反应有所差异即对于个体的行为要求相对比较低。当处于强情境中时个体的重要特征存在的差异会变小，所以其行为反应表现出的差异也较小，体现出一致性；而在弱情境下，个体差异变量与稳定特征决定了其行为反应，此时更加容易激活个体特征差异，进而个体行为表现出差异。举个例子，就如一栋高楼起火时，被困人员中无论是急性子还是慢性子的人都会选择第一时间进行逃生，但在平常生活中，拥有这两种不同性格的人，他们的行事风格存在巨大差异。这就证明了当个人所处的情境不同时，个体特征对其所产生行为的影响就会存在明显的差异。

领导者创新鼓励，作为重要情境变量创新氛围的一个维度，极少得到学者的关注，对于创新氛围，也鲜有研究关注其能够发挥的调节作用。基于特征激活理论，本研究认为在研究主动性人格与创新自我效能感影响员工创新行为之间的关系中，领导者创新鼓励对这一路径产生了更多的调节作用。当领导看重下属的创造力时，会鼓励员工提出新的想法并主动提供资源支持，帮助员工产生创造性成果，即员工处于“强情境”中。在这种情况下，即使是主动性程度以及创新自我效能感相对较低的员工也会被氛围感染，发挥自身创造力积极寻求新方法，提升工作中的创造性，努力表现领导所鼓励的行为，获得领导及同事的认同。这也就是说高领导者创新鼓励能够使员工行为趋于一致，削弱个体特征存在的差异性。加上中国现实管理情境，下属更热衷于获得领导的认同，所以这一作用更为显著。当领导者创新鼓励较弱时，领导者不关注下属在工作中的创造性，也不重视创新成果的产出，即员工处于“弱情境”中。在这种情况下，主动性程度和创新自我效能感较低的员工会更加倾向于顺从性地完成角色规定的任务。

组织中主动性程度较高以及创新自我效能感较高的员工，更倾向于主动改变环境，有自信能创造性地解决问题，最终获得创新成果。也就是说，较少领导者创新鼓励情况下，个体特征差异被激活，因而个体创新行为体现出较大差异。综上，本文认为在领导者创新鼓励较高的情况下，主动性人格与创新自我效能感对员工创新行为具有较弱的预测力。因此，本研究有理由认为：

H5：领导者创新鼓励调节了主动性人格对于员工创新行为所产生的影响，并且当领导者创新鼓励越强，主动性人格对员工创新行为的作用就越弱。

H6：领导者创新鼓励调节了创新自我效能感对于员工创新行为所产生的影响，并当领导者创新鼓励越强，创新自我效能感对员工创新行为的作用就越弱。

综上所述，本研究建立了一个有调节的中介模型，见图 6.1。

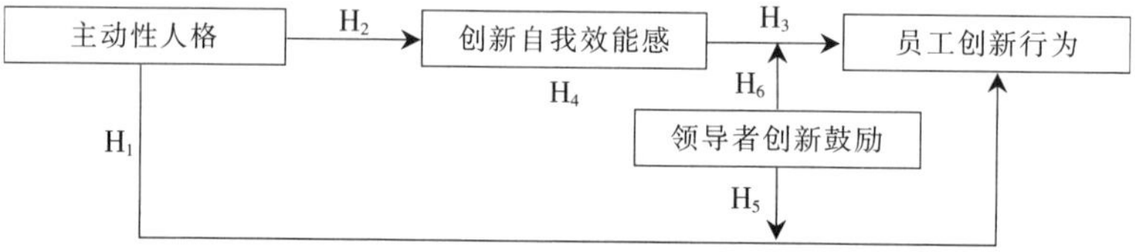

图 6.1 研究模型

二、研究设计

（一）研究样本

本研究采用问卷调查形式收集数据，选择湖南、广州、北京、上海等地的企业进行问卷调查，以问卷星平台为载体，共发放问卷 250 份，其中收回 225 份有效问卷，问卷回收有效率为 90%。在这些员工中，男性员工有 106 人，占比 47.11%，女性员工有 119 人，占比 52.89%；18—25 岁以下有 156 人，占比 69.33%；26—35 岁有 31 人，占比 13.78%；36—45 岁有 26 人，占比 11.56%；46 岁及以上有 12 人，占比 5.33%；工作 5 年以下有 169 人，占比 75.11%；工作 5—10 年有 22 人，占比 9.78%；工作 10 年以上 34 人，占比 15.11%；政府部门（公务员）有 16 人，占比 7.11%；事业单位有 36 人，占比 16%；国有企业有 19 人，占比 8.44%；民营企业有 80

人，占比 35.56%；合资企业有 7 人，占比 3.11%；外资企业有 4 人，占比 1.78%；其他工作单位有 63 人，占比 28%；职位为普通员工 173 人，占比 76.89%；基层管理者 39 人，占比 17.33%；中高层管理者 13 人，占比 5.78%；高中及以下学历 27 人，占比 12%；大专及同等学力 29 人，占比 12.89%；本科及同等学力 140 人，占比 62.22%；硕士及以上学历 29 人，占比 12.89%。总样本人口统计基本情况如表 6.1 所示。

表 6.1　样本人口基本情况统计表

人口统计学特征		人数（人）	百分比（%）
性别	男	106	47.11
	女	119	52.89
年龄	18—25 岁	156	69.33
	26—35 岁	31	13.78
	36—45 岁	26	11.56
	46 岁及以上	12	5.33
工作年限	5 年以下	169	75.11
	5—10 年	22	9.78
	10 年以上	34	15.11
工作职位	普通员工	173	76.89
	基层管理者	39	17.33
	中高层管理者	13	5.78
受教育程度	高中及以下	27	12
	大专	29	12.89
	本科	140	62.22
	硕士及以上	29	12.89
工作类型	政府部门	16	7.11
	事业单位	36	16
	国有企业	19	8.44
	民营企业	80	35.56
	合资企业	7	3.11
	外资企业	4	1.78
	其他	63	28

（二）测量工具

本研究所需要进行测量的主要变量共有4个，分别为主动性人格、创新自我效能感、领导者创新鼓励以及员工创新行为。为保证问卷信度和效度，本研究用于搜集数据的问卷均来自已有文献中的成熟量表。研究所有量表均采用Likert—5点量表进行评价，由1至5分别表示为“非常不同意”至“非常同意”5个不同等级。因主要变量均使用成熟量表，所以本研究直接进行正式调研。

1. 主动性人格量表

主动性人格（proactive personality）采用的是商佳音和甘怡群（2009）翻译的量表进行测量，共17个题项，具体题项见表6.2。

表6.2 主动性人格测量量表

题项	题项内容
PP1	如果我看到别人处在困境中，我会尽我所能地提供帮助
PP2	我擅长将问题转化为机会
PP3	我一直在寻找更好的行事方式
PP4	遇到问题时，我会直面它
PP5	我喜欢挑战现状
PP6	如果我相信一个观点，没有什么障碍能够阻止我实现它
PP7	如果我相信某件事，不管成败的可能性如何，我都会去做
PP8	没有比看到我的想法变成现实更令人兴奋的事了
PP9	我总是在寻找新的方法使自己的生活更好
PP10	我享受面对和克服想法上的障碍所带来的乐趣
PP11	我总希望我在群体中是特别的
PP12	就算别人反对，我也会坚持自己的想法
PP13	我能比其他人更早发现一个好的机会
PP14	我总是倾向于让别人来开始一个新的项目/工作
PP15	我擅长识别机会
PP16	无论在哪里，我都是推动建设性变革的强大力量
PP17	看到自己不喜欢的事物，我会去改变它

2. 创新自我效能感量表

创新自我效能感（creative self－efficacy）采用的是 Tierney 和 Farmer（2002）所编制的量表，共 4 个题项，具体题项见表 6.3。

表 6.3　创新自我效能感测量量表

题项	题项内容
CSE1	我擅长想出新方法来解决问题
CSE2	我觉得自己擅长想出新的点子和想法
CSE3	我相信自己具有创造力
CSE4	与他人相比，我可以创造性地完成大多数任务

3. 领导者创新鼓励量表

领导者创新鼓励（leader encouragement of creativity）采用的是 Zhang 和 Bartol（2010）所编制的问卷，共 6 个题项，具体题项见表 6.4。

表 6.4　领导创新鼓励测量量表

题项	题项内容
LEC1	我的领导鼓励并且重视员工创造力
LEC2	我的领导尊重员工的创新能力
LEC3	我的领导允许员工尝试用不同的方式解决同一个问题
LEC4	我的领导希望员工用不同的方式处理问题
LEC5	我的领导会奖励工作有创造力的员工
LEC6	我的领导会公开表扬那些有创造性的员工

4. 员工创新行为量表

员工创新行为（employee creative behavior）采用的是由杨付和张丽华（2012）所翻译的 Scoott 和 Bruce（1994）编制的量表，共 6 个题项，具体题项详见表 6.5。

表 6.5 员工创新行为测量题项

题项	题项内容
ECB1	在工作中，我会积极寻求应用新流程或新技术
ECB2	我经常会迸发有创意的点子或者产生创新性的想法
ECB3	我会与他人交流并宣传我的新想法
ECB4	为了实现我自己的想法或创意，我会设法获取我所需要的资源
ECB5	我将积极制定适当的计划和规划，以实现创新的想法
ECB6	总的来说，我是一个具有创新性的人

5. 控制变量

为避免无关变量影响因变量或者混淆变量间的因果关系，本研究设置性别、年龄、学历、工作年限等常用人口学变量为研究需要进行控制的变量。对于这些变量的测量如下：性别（1＝男，2＝女）；年龄（1＝18—25岁，2＝26—35岁，3＝36—45岁，4＝46岁及以上）；受教育程度（1＝高中及以下，2＝专科，3＝本科，4＝硕士及以上）；工作年限（1＝5年以下，2＝5—10年，3＝10年以上）；工作职位（1＝普通员工，2＝基层管理者，3＝中高层管理者）；工作单位（1＝政府部门，2＝事业单位，3＝国有企业，4＝民营企业，5＝合资企业，6＝外资企业，7＝其他）。

三、信度效度分析

（一）信度分析

通过使用SPSS22.0和Amos22.0两个专业数据检验软件，本研究首先对各变量所采用的调查问卷实施信度检测与验证性因子分析，为下一步科学地调查研究打好坚实的基础。KMO和Bartlett球形检验（KMO＞0.70，Bartlett＜0.05）首先验证了研究数据是否具有良好的线性效果，然后采用Gronbach′s a系数检验（Gronbach′s a＞0.70）各量表是否具有良好的内部一致性。结果如表6.6所示，主动性人格分量表KMO值为0.904，且Bartlett球形检验结果在0.001水平上显著，解释总方差为57.643%，Gronbach′s a值为0.906；创新自我效能感分量表KMO值为0.822且

Bartlett球形检验结果在 0.001 水平上显著，解释总方差为 71.167%，Gronbach's a 值为 0.895；员工创新行为分量表 KMO 值为 0.895 且 Bartlett 球形检验结果在 0.001 水平上显著，解释总方差为 67.848%，Gronbach's a 值为 0.905；领导者创新鼓励分量表 KMO 值为 0.892 且 Bartlett 球形检验结果在 0.001 水平上显著，解释总方差为 72.135%，Gronbach's a 值为 0.921，由上述结果可知 4 个分量表的信度都比较良好。

表 6.6　信度检验

研究变量	N	KMO	解释总方差	Cronbach'α
主动性人格	17	0.904	57.643%	0.906
创新自我效能感	4	0.822	76.167%	0.895
员工创新行为	6	0.895	67.848%	0.905
领导者创新鼓励	6	0.892	72.135%	0.921

（二）效度分析

由于量表为国内外成熟量表，故均具有良好的内容效度。进一步运用验证性因子分析对区分效度进行检验，结果见表 6.7。从表 6.7 可以看出，相对于采用单因子模型或二因子模型或三因子模型，四因子模型对样本数据拥有更加良好的拟合效果，也即表示了本研究使用问卷的区分效度比较良好。

表 6.7　验证性因子分析

模型	因子	χ^2	*df*	χ^2/df	*RMSEA*	*IFI*	*CFI*	*GFI*
四因子模型	*PP*，*CSE*，*LEC*，*ECB*	1185.186	489	2.424	0.080	0.852	0.850	0.736
三因子模型	*PP*，*CSE*+*LEC*，*ECB*	1650.497	492	3.355	0.103	0.753	0.751	0.630
二因子模型	*PP*+*CSE*+*LEC*，*ECB*	1924.256	494	3.895	1.114	0.695	0.692	0.578
单因子模型	*PP*+*CSE*+*LEC*+*ECB*	1758.433	494	3.560	0.107	0.730	0.728	0.603

四、同源偏差分析

由于在进行问卷调查过程中，问卷所涉及的关键变量量表（主动性人格、创新自我效能感、领导者创新鼓励与员工创新行为）均由同一人填写，因此也就无法避免会造成同源偏差。本研究将问卷四个变量所需测量项目集中进行因子分析，运用 Harman 单因子检验法，此时未旋转时得到的第一个主成分即为同源偏差量。本研究显示析出的第一个因子载荷量为 13.624%，未占总变异解释量（66.495%）的一半，由结果可知本研究数据不存在严重的同源偏差问题。

五、描述性统计与相关性分析

由表 6.8 中研究主要变量的描述性统计结果与相关性系数矩阵可以看出：主动性人格与员工创新行为之间存在显著的关系（$r=0.416$，$p<0.01$）；主动性人格与创新自我效能感之间存在显著的关系（$r=0.512$，$p<0.01$），领导者创新鼓励与员工创新行为之间存在显著的关系（$r=0.632$，$p<0.01$），且由结果可以看出其相关程度均处于中等水平，这为本研究下一步进行回归模型的检验提供了良好基础。

表 6.8　描述性统计结果与相关系数矩阵

变量	M	SD	性别	年龄	学历	工作年限	主动性人格	创新自我效能感	员工创新行为	领导者创新鼓励
性别	1.530	0.500	1.000							
年龄	1.530	0.897	−0.139*	1.000						
学历	2.760	0.827	−0.026	−0.280**	1.000					
工作年限	1.400	0.738	−0.189**	0.765**	−0.208**	1.000				
主动性人格	2.330	0.383	−0.071	0.205**	0.108	0.231**	1.000			
创新自我效能感	3.540	0.801	−0.137*	0.056	0.057	0.112	0.512**	1.000		
员工创新行为	3.663	0.708	−0.129	0.066	0.060	0.103	0.416**	0.751**	1.000	
领导者创新鼓励	3.557	0.802	−0.101	0.000	−0.022	0.038	0.269**	0.485**	0.632**	1.000

注：*** 表示在 0.001 水平上显著，** 表示在 0.01 水平上显著，* 表示在 0.05 水平上显著。

六、假设检验

（一）主效应假设检验

主动性人格与员工创新行为之间存在关系的主效应研究结果见表6.9。本研究采用多元回归分析法对此进行了实证检验，由检验结果可以看出：

由模型4可以看出，主动性人格与员工创新行为之间存在显著正向的关系（$\beta=0.762$，$p<0.001$），在考虑了控制变量的情况下主动性人格对员工创新行为的方差解释率为15.6%，这表明了当个体具有较高的主动性人格特质时，其越有可能表现出创新行为。假设H1成立。

由模型2可以看出，主动性人格与创新自我效能感之间存在显著正向的关系（$\beta=1.038$，$p<0.001$），在考虑了控制变量的情况下主动性人格对创新自我效能感的方差解释率为24.5%，这表明了当员工拥有的主动性人格特质越高，员工自身所拥有的创新自我效能感便越高。假设H2成立。

由模型5可以看出，创新自我效能感与员工创新行为之间存在显著正向的关系（$\beta=0.554$，$p<0.001$），在考虑了控制变量的情况下创新自我效能感对员工创新行为的方差解释率达到了41.7%，由此可以看出当员工个人拥有的创新自我效能感越高时，员工自身所能够表现出来的创新性行为的可能性便会越高。假设H3成立。

（二）创新自我效能感的中介效应检验

为检验假设H4即主动性人格是通过创新自我效能感的中介来对员工创新行为产生影响，本研究采用温忠麟等推荐的三步中介回归分析法，当满足以下三个条件的情况下才能够证明存在中介作用：首先，自变量要对因变量影响显著。然后，自变量对中介变量存在显著影响。最后，当自变量与中介变量同时对因变量进行回归时，中介变量对因变量的回归系数仍显著而自变量对因变量的回归系数显著减少或者不显著。创新自我效能感中介作用的检验结果见表6.9中的模型6。由结果可知，在将主动性人格与创新自我效能感两个变量同时对员工创新行为进行回归的情况下，创新自我效能感（$\beta=0.642$，$p<0.001$）这一变量对员工创新行为的回归系数达到

了显著水平，而主动性人格对员工创新行为的回归系数不再显著即自变量对因变量影响不显著，主动性人格和创新自我效能感此时对员工创新行为影响的方差解释率为38.1%，综上可得主动性人格通过创新自我效能感的完全中介来影响员工创新行为。假设H4成立。

表6.9 主效应和中介效应检验回归分析

变量	因变量：创新自我效能感		因变量：员工创新行为			
	模型1	模型2	模型3	模型4	模型5	模型6
性别	−0.183	−0.170	−0.153	−0.144	−0.056	−0.035
年龄	−0.046	−0.102	−0.004	−0.044	0.034	0.022
学历	0.067	−0.022	0.065	0.003	0.082	0.017
工作年限	0.157	0.061	0.098	0.030	0.055	−0.009
自变量						
主动性人格		1.083***		0.762***		0.067
中介变量						
创新自我效能感					0.554***	0.642***
R^2	0.033	0.278	0.029	0.185	0.417	0.566
F	1.874	16.891***	1.622	9.918***	31.371***	47.389***
ΔR^2	0.033	0.245	0.029	0.156	0.417	0.381
ΔF	1.874	74.455***	1.622	41.896***	31.371***	191.587***

注：进入模型的均为标准化回归系数。***表示在0.001水平上显著，**表示在0.01水平上显著，*表示在0.05水平上显著。

（三）领导者创新鼓励的调节效应检验

本研究将变量原始数据进行标准化，以对领导者创新鼓励是否调节主动性人格与员工创新行为、创新自我效能感与员工创新行为两者之间的关系进行实证检验。领导者创新鼓励的调节作用检验结果见表6.10。

为检验领导者创新鼓励是否调节主动性人格对员工创新行为存在的影响，本研究在主动性人格和领导者创新鼓励分别影响员工创新行为这一模型之外再进一步探究主动性人格和领导者创新鼓励交互作用项对员工创新行为的影响，见表6.10中的模型3和模型4。结果如下：（1）主动性人格（$\beta=0.178$，$p<0.001$）、领导者创新鼓励（$\beta=0.397$，$p<0.001$）两个变

量均显著影响员工创新行为；（2）主动性人格和领导者创新鼓励的交互作用项（$\beta=0.203$，$p>0.05$）对员工创新行为的回归系数不显著，假设 H5 不成立。结果也进一步验证了创新自我效能感在主动性人格影响员工创新行为路径中存在的完全中介作用，故领导者创新鼓励不直接调节主动性人格对员工创新行为的作用路径。

为检验领导者创新鼓励是否调节创新自我效能感对员工创新行为存在的影响，本研究在创新自我效能感和领导者创新鼓励分别影响员工创新行为这一模型之外，再进一步探究创新自我效能感和领导者创新鼓励交互作用项对员工创新行为的影响，见表 6.10 中的模型 6 和模型 7。结果如下：（1）创新自我效能感（$\beta=0.405$，$p<0.001$）、领导者创新鼓励（$\beta=0.251$，$p<0.001$）两个变量均显著影响员工创新行为；（2）创新自我效能感与领导者创新鼓励的交互作用项（$\beta=-0.004$，$p<0.01$）对员工创新行为的回归系数显著，且为负向调节。即领导者创新鼓励越高，创新自我效能感与员工创新行为之间的正向关系越弱，假设 H6 成立。

表 6.10　调节效应检验回归分析

变量	因变量：员工创新行为						
	模型 1	模型 2	模型 3	模型 4	模型 5	模型 6	模型 7
性别	−0.153	−0.144	−0.069	−0.059	−0.033	−0.011	−0.011
年龄	−0.004	−0.044	0.006	0.039	0.026	0.040	0.038
学历	0.065	0.003	0.042	0.052	0.021	0.041	0.041
工作年限	0.098	0.030	0.018	−0.018	−0.005	−0.006	−0.003
主动性人格（*PP*）		0.292***	0.178***	−0.102			
创新自我效能感（*IS*）					0.527***	0.405***	0.405***
领导者创新鼓励（*LS*）			0.397***	0.009		0.251***	0.251***
PP * *LS*				0.203			
IS * *LS*							−0.004**
R^2	0.029	0.185	0.470	0.479	0.565	0.661	0.661
F	1.622	9.918***	32.283***	28.553***	56.917***	70.778***	60.403***
ΔR^2	0.029	0.156	0.286	0.479	0.565	0.096	0.00
ΔF	1.622	41.896***	117.685***	28.553***	56.917***	61.485***	0.036

注：进入模型的均为标准化回归系数。*** 表示在 0.001 水平上显著，** 表示在 0.01 水平上显著，* 表示在 0.05 水平上显著。

七、研究结论与管理启示

（一）研究结论

本研究以主动性人格为自变量、员工创新行为为因变量、创新自我效能感为中介变量、领导者创新鼓励为调节变量，建立一个有调节的中介模型，对主动性人格与员工创新行为之间存在的内在影响机制进行深入地探究。实证研究结果表明：

第一，主动性人格与员工创新行为之间存在显著正向的关系，即员工个人所拥有的主动性人格特质越高，其对待工作的态度则会更加积极，进而也会表现出更多的创新性行为。

第二，创新自我效能感完全中介主动性人格对于员工创新行为的作用路径，即主动性程度较高的个体，其对于产生创新想法并付诸实践、最终取得创新成果拥有更多的信心，从而更易产生创新动机和创新行为。

第三，领导者创新鼓励能够调节创新自我效能感和员工创新行为两者之间的关系，在领导者创新鼓励较高的情况下，创新自我效能感和员工创新行为之间存在的正向关系则较弱。

（二）理论贡献

本研究的创新之处在于将创新自我效能感考虑到主动性人格对于员工创新行为的影响路径之中，建立有调节的中介模型，并且进一步用数据检验证实了“主动性人格→创新自我效能感→员工创新行为”这一作用路径。

第一，本研究在前人研究的基础上进一步打开了主动性人格与员工创新行为之间作用路径与影响机制的“黑箱”，并且加深了对于主动性人格影响员工创新行为之间动机机制的探讨。

第二，本研究对于员工创新行为这一变量存在的前因变量进行了更丰富的补充，基于认知—动机理论，拓展了理论界对于创新自我效能感和员工创新行为之间因果关系现有的认知。

第三，本研究基于中国企业规范文化的背景，将以往研究未受重视的情境因素考虑在内，运用特征激活理论，实证了领导者创新鼓励能够对创新自我效能感和员工创新行为之间的关系进行调节，这有助于对主动性人格、创新自我效能感和员工创新行为这一作用机制所需要的外在约束条件加深理解，形成更加全面的认识。

（三）管理启示

在国家大力推进大众创业、万众创新的当今时代，激励员工实施创新行为迫在眉睫。基于本研究所得结论，针对员工个人创新行为的有效激发这一问题为组织的管理实践提供了重要的启示。

首先，高度重视应聘者人格特质与心理特征的测评。基于主动性人格能够对员工的创新行为产生显著的积极影响，若要提升一个组织的创新能力，就需要组织中拥有丰富的创新人才。因而对于组织的人力资源管理实践而言，企业在招聘过程中，需要通过专业测评工具对应聘者的人格特质与心理特征进行评价，以实现更好地吸纳创新型员工，实现人岗匹配。

其次，积极开展增强员工创新自信的企业培训。基于创新自我效能感对于主动性人格与员工创新行为作用路径的中介，个体的人格特质是通过自我认知产生动机从而实现创新行为，而相对于人格特质，创新自我效能感更加能够给人直观的感受，而且更加容易改变。故对于组织人力资源管理实践而言，不仅为招募人员提供了依据，也为企业的培训带来启发意义。

最后，充分促进企业内部创新氛围的形成。基于领导者创新鼓励对于创新自我效能感和员工创新行为的调节作用，主动性人格通过创新自我效能感影响员工创新行为这一路径存在的边界条件，即外部情境能够影响个体的认知进而影响其行为表现。故对于组织人力资源管理实践而言，在人格特质一旦形成之后无法轻易改变的条件下，可以运用领导者创新鼓励的缓冲效应，以较高的领导者创新鼓励来弥补员工创新自我效能感的不足。因此企业管理者应加强对员工创新的重视程度，建立针对性激励机制，奖励员工工作中的创新成果，及时给予物质及精神奖励，以激发员工更多的创新行为。

八、本章小结

本章主要是基于计划行为理论和特征激活理论，构建主动性人格对员工创新行为的影响机制，并探讨在该关系中创新自我效能感的中介作用和包容性领导的调节作用。同时，通过问卷调查获得样本数据，并运用SPSS22.0和MPLUS7.0软件对问卷数据进行一系列信效度分析、同源偏差分析、描述性统计、相关性分析、回归分析和结构方程模型分析，对所建构的理论模型进行实证检验。根据理论和实证结论，提出管理建议。

参考文献

中文期刊：

[1] 曹科岩，窦志铭. 组织创新氛围、知识分享与员工创新行为的跨层次研究 [J]. 科研管理，2015，36（12）：83－91.

[2] 曹威麟，谭敏，梁樑. 自我领导与个体创新行为——一般自我效能感的中介作用 [J]. 科学学研究，2012，30（7）：1110－1118.

[3] 曹霞，瞿皎姣. 资源保存理论溯源、主要内容探析及启示 [J]. 中国人力资源开发，2014，12（15）：75－80.

[4] 陈晨，时勘，陆佳芳. 变革型领导与创新行为：一个被调节的中介作用模型 [J]. 管理科学，2015（4）：11－22.

[5] 丛中，安莉娟. 安全感量表的初步编制及信度、效度检验 [J]. 中国心理卫生杂志，2004，018（002）：97－99.

[6] 崔思凝. 惯习、资本与场域：布迪厄实践理论及其对中国公共政策过程研究的启示 [J]. 湖北社会科学，2017（09）：22－27.

[7] 段锦云，黄彩云. 个人权力感对进谏行为的影响机制：权力认知的视角 [J]. 心理学报，2013，45（2）：217－230.

[8] 段锦云，田晓明，王先辉. 情绪智力对员工创造力的影响 [J]. 科研管理，2013，34（8）：106－114.

[9] 段锦云，魏秋江. 建言效能感结构及其在员工建言行为发生中的作用 [J]. 心理学报，2012，44（7），972－985.

[10] 段锦云，杨静，朱月龙. 资源保存理论：内容，理论比较及研究展望

[J]. 心理研究，2020，013（001）：49－57.
[11] 段文婷，江光荣. 计划行为理论述评 [J]. 心理科学进展，2008，16（2）：315－320.
[12] 方杰，张敏强，邱皓政. 中介效应的检验方法和效果量测量：回顾与展望 [J]. 心理发展与教育，2012，28（1）：105－111.
[13] 方阳春. 包容性领导风格对团队绩效的影响——基于员工自我效能感的中介作用 [J]. 科研管理，2014，35（5）：152－160.
[14] 方阳春. 包容性领导风格对团队绩效的影响——基于员工自我效能感的中介作用 [J]. 科研管理，2014，35（5）：152－160.
[15] 方阳春，金惠红. 包容性领导风格对高校科研团队绩效影响的实证研究 [J]. 技术经济，2014，33（4）：53－57.
[16] 冯彩玲，张丽华，时勘. 领导风格会提高员工的工作积极性和创新性吗？——企业家导向的跨层次调节作用 [J]. 研究与发展管理，2014，26（003）：62－73.
[17] 冯利伟，潘建伟. 心理安全感对员工工作绩效的影响——基于组织支持感的调节作用 [J]. 中国流通经济，2014（11）：102－107.
[18] 高宏. 基于企业核心能力的包容性领导力探讨 [J]. 上海管理科学，2010（6）：10－13.
[19] 高建丽，孙明贵. 基于心理资本的包容性领导对创新行为的作用路径 [J]. 软科学，2015，29（4）：100－103.
[20] 高立英，张喆，窦志信. 道德领导与员工亲社会违规行为：同理心的调节作用 [J]. 华东经济管理，2019，033（008）：45－52.
[21] 高中华，赵晨，李超平，吴春波，洪如玲. 高科技企业知识员工心理资本对其离职意向的影响研究——基于资源保存理论的调节中介模型 [J]. 中国软科学，2012（3）：138－148.
[22] 古银华. 包容性领导对员工创新行为的影响——一个被调节的中介模型 [J]. 经济管理，2016（4）：93－103.
[23] 古银华，卿涛，杨付. 包容性领导对下属创造力的双刃剑效应 [J]. 管理科学，2017，30（1）：119－130.
[24] 顾远东，彭纪生. 创新自我效能感对员工创新行为的影响机制研究

[J]. 科研管理，2011，32（009）：63—73.

[25] 管春英. 包容性领导对员工创新行为的多链条作用机制研究 [J]. 科学学与科学技术管理，2016，37（6）：159—168.

[26] 韩翼，杨百寅. 真实型领导，心理资本与员工创新行为：领导成员交换的调节作用 [J]. 管理世界，2011（12）：78—86.

[27] 简浩贤，徐云飞，曹曼，赵曙明. 基于组织认同视角的包容性领导与员工敬业度关系研究 [J]. 管理学报，2017，14（11）：1624—1630.

[28] 江红艳，杨军，孙配贞，陈洋. 工作资源对员工离职意向的影响——工作—家庭冲突的中介作用与主动性人格的调节作用 [J]. 软科学，2018（10）：67—70.

[29] 江静，杨百寅. 领导—成员交换、内部动机与员工创造力——工作多样性的调节作用 [J]. 科学学与科学技术管理，2014（1）：165—172.

[30] 景保峰. 包容性领导对员工创造力的影响——基于内在动机和心理可得性的双重中介效应 [J]. 技术经济，2015，34（3）：27—32.

[31] 井辉. 包容性领导和领导距离对员工建言行为的影响——社会交换和社会认知视角的研究 [J]. 技术经济与管理研究，2017（08）：58—61.

[32] 邝磊，郑雯雯，林崇德，等. 大学生的经济信心与职业决策自我效能的关系——归因和主动性人格的调节作用 [J]. 心理学报，2011，43（9）：1063—1074.

[33] 雷星晖，单志汶，苏涛永，杨元飞. 谦卑型领导行为对员工创造力的影响研究 [J]. 管理科学，2015（02）：115—125.

[34] 李光丽，段兴民. R&D 人员工作压力和创造力关系的实证研究 [J]. 科技与经济，2011，24（4）：82—86.

[35] 李君锐，李万明. 工作自主性、心理可得性与员工建言行为：差错反感文化的调节作用 [J]. 中国人力资源开发，2016（15）：66—72.

[36] 李宁，严进. 组织信任氛围对任务绩效的作用途径 [J]. 心理学报，2007（6）：1111—1121.

[37] 李燃，王辉，赵佳卉. 真诚型领导行为对团队创造力的影响 [J]. 管理科学，2016，29（5）：71—82.

[38] 李晓玉，党广龙，高昂，高冬东. 差序式领导对离职意向的影响：主

动性人格与职场排斥的作用 [J]. 心理研究，2018，11 (5)：61－68.
[39] 李燕萍，杨婷，潘亚娟，徐嘉. 包容性领导的构建与实施——基于新生代员工管理视角 [J]. 中国人力资源开发，2012 (3)：31－35.
[40] 李颖，王振华，王卫征. 支持性人力资源实践、自我效能感与创新行为的关系研究 [J]. 科技管理研究，2009 (10)：478－480.
[41] 李永周，王月，阳静宁. 自我效能感、工作投入对高新技术企业研发人员工作绩效的影响研究 [J]. 2015，36 (2)：173－180.
[42] 梁祺，张纯. 包容性领导对员工创新行为的影响——知识共享的中介和批判性思维的调节 [J]. 商业研究，2016，62 (5)：129－136.
[43] 林新奇，刘彦君. 绩效考核公平对员工创新绩效的影响：心理安全感的中介作用 [J]. 现代管理科学，2018 (05)：94－96.
[44] 刘敏，余江龙，黄勇. 感知被上级信任如何促进员工建言行为：心理安全感、自我效能感和权力距离的作用 [J]. 中国人力资源开发，2018，35 (12)：18－27.
[45] 刘宁，刘颖. 企业奖酬对员工创新绩效影响的研究评述 [J]. 管理学报，2014，11 (012)：1871－1877.
[46] 刘宁，张正堂，赵燕梅. 组织创新奖酬对研发人员创新行为影响机制的实证研究 [J]. 科研管理，2019，040 (001)：151－158.
[47] 刘楠，张凌志. 领导者激发普通员工工作创造力的方略 [J]. 领导科学，2019，000 (007)：84－86.
[48] 刘培琪，刘兵，李媛. 授权型领导对知识型员工知识分享意愿的影响——基于社会信息加工的视角 [J]. 技术经济，2018，37 (7)：81－87，98.
[49] 刘云，石金涛. 组织创新气氛与激励偏好对员工创新行为的交互效应研究 [J]. 管理世界，2009 (10)：88－101.
[50] 刘燕，李锐，赵曙明. 包容性领导与下属揭发意愿的关系：一个被调节的中介效应模型 [J]. 心理科学，2016，39 (01)：144－150.
[51] 刘泱，朱伟，赵曙明. 包容性领导风格对雇佣关系氛围和员工主动行为的影响研究 [J]. 管理学报，2016，13 (10)：1482－1489.
[52] 卢小君，张国梁. 工作动机对个人创新行为的影响研究 [J]. 软科学，

2007，21（6）：124－127.

[53] 陆昌勤，方俐洛，凌文辁. 组织行为学中自我效能感研究的历史、现状与思考 [J]. 心理科学，2002（03）：90－91.

[54] 马君，赵红丹. 任务意义与奖励对创造力的影响——创造力角色认同的中介作用与心理框架的调节作用 [J]. 南开管理评论，2015，18（6）：46－59.

[55] 马璐，王丹阳. 共享型领导对员工主动创新行为的影响 [J]. 科技进步与对策，2016（22）：131－136.

[56] 马璐，张哲源. 威权领导对员工创新行为的影响 [J]. 科技进步与对策，2018（1）：139－145.

[57] 马喜芳，钟根元，颜世富. 组织激励与领导风格协同对组织创造力影响机制研究 [J]. 管理评论，2018，030（008）：153－167.

[58] 马跃如，程伟波，周娟美. 心理所有权和犬儒主义在包容性领导对员工离职倾向影响中的中介作用 [J]. 中南大学学报（社会科学版），2014，20（03）：6－12.

[59] 马跃如，段伟. 领导越包容，团队越高效？包容性领导对团队绩效的影响机制研究 [J]. 中国人力资源开发，2018，35（07）：44－55.

[60] 马跃如，蒋珊珊. 团队认知多样性，知识共享与团队创新绩效——基于包容性领导的调节效应检验 [J]. 湖南大学学报（社会科学版），2020（5）：45－51.

[61] 马跃如，蒋珊珊，张静. 包容性领导对医疗团队绩效影响的实证研究——基于团队认知的视角 [J]. 湖南大学学报（社会科学版），2019，033（001）：78－84.

[62] 孟慧，宋继文，孙志强，等. 变革型领导如何影响员工的工作结果：一个有中介的调节作用分析 [J]. 心理科学，2011（5）：1167－1173.

[63] 苗青. 服务型领导、利他导向文化与科研人员成长 [J]. 科研管理，2009（06）：78－84.

[64] 逄键涛，史卉. 员工主动性人格与创新行为：工作满意度、工作水平及组织任期的调节作用 [J]. 科技进步与对策，2016，33（15）：136－137.

[65] 彭坚，王霄，冉雅璇，韩雪亮. 积极追随特质一定能提升工作产出

吗？——仁慈领导的激活作用［J］. 南开管理评论，2016，19（4）：135－146.

［66］彭伟，李慧，金丹丹. 基于扎根理论的包容性领导结构维度的本土化研究［J］. 中国人力资源开发，2016（15）：37－47.

［67］彭伟，朱晴雯，乐婷. 包容型领导影响员工创造力的双路径——基于社会学习与社会交换的整合视角［J］. 财经论丛（浙江财经大学学报），2017（10）：90－97.

［68］冉红琼，郭成，吴镝. 大学生职业决策自我效能与人格特征的关系［J］. 中国健康心理学杂志，2012，20（3）：421－424.

［69］商佳音，甘怡群. 主动性人格对大学毕业生职业决策自我效能的影响［J］. 北京大学学报（自然科学版），2009，45（3）：548－554.

［70］尚玉钒，李磊. 领导行为示范、工作复杂性、工作调节焦点与创造力［J］. 科学学与科学技术管理，2015（6）：147－158.

［71］邵璐. 翻译社会学的迷思——布迪厄场域理论释解［J］. 暨南学报（哲学社会科学版），2011，33（03）：124－130＋209－210.

［72］沈伊默，周婉茹，魏丽华. 仁慈领导与员工创新行为：内部人身份感知的中介作用和领导——部属交换关系差异化的调节作用［J］. 心理学报，2017，49（8）：1100－1112.

［73］宋璐璐，刘永仁. 领导授权赋能行为对员工建言的影响——组织信任、一般自我效能感的作用［J］. 科学决策，2014，（5）：17－32.

［74］孙甫丽，蒋春燕，黄庆. 创新奖励与员工创造力角色认同关系研究——结果公平感知的调节效应［J］. 科技进步与对策，2018，35（13）：78－85.

［75］孙圣兰，吕洁. 授权型领导对员工创造力的影响：基于整合视角的分析［J］. 研究与发展管理，2016，28（4）：117－125.

［76］孙锐，石金涛，张体勤. 中国企业领导成员交换，团队成员交换，组织创新气氛与员工创新行为关系实证研究［J］. 管理工程学报，2009，23（004）：109－115.

［77］唐春勇，陈冰，赵曙明. 中国文化情境下包容性领导对员工敬业度的影响［J］. 经济与管理研究，2018，39（03）：110－120.

[78] 唐春勇，马茂华，赵宜萱. 基于目标接纳中介作用的包容性领导对员工幸福感的影响研究 [J]. 管理学报，2018，15（02）：201—208.

[79] 唐宁玉，张凯丽. 包容性领导研究述评与展望 [J]. 管理学报，2015，12（6）：932—938.

[80] 涂乙冬，陆欣欣. 重赏之下必有勇夫？创新奖励与员工及团队创造力的机制研究 [J]. 珞珈管理评论，2017，13（001）：62—76.

[81] 王才康，胡中锋，刘勇. 一般自我效能感量表的信度和效度研究 [J]. 应用心理学，2001（01）：37—40.

[82] 王端旭，洪雁. 领导支持行为促进员工创造力的机理研究 [J]. 南开管理评论，2010，13（4）：109—114.

[83] 王辉，常阳. 组织创新氛围、工作动机对员工创新行为的影响 [J]. 管理科学，2017，30（3）：51—62.

[84] 王雁飞，朱瑜. 组织社会化、信任、知识分享与创新行为：机制与路径研究 [J]. 研究与发展管理，2012（02）：34—46.

[85] 王业强，郭叶波，赵勇. 科技创新驱动区域协调发展：理论基础与中国实践 [J]. 中国软科学，2017（11）：86—100.

[86] 王颖，刘莎莎. 组织沉默对员工负向行为的影响及其作用机制 [J]. 科研管理，2017（1）：144—152.

[87] 王永跃，叶佳佳. 伦理型领导、创造力自我效能感及员工创造力——绩效的调节作用 [J]. 科学学与科学技术管理，2015（9）：164—172.

[88] 温忠麟，叶宝娟. 有调节的中介模型检验方法：竞争还是替补？[J]. 心理学报，2014，46（5）：714—726.

[89] 吴江. 体面劳动，组织自尊与员工创新行为——基于劳动权益保障和组织创新奖励视角 [J]. 预测，2019（6）：39—44.

[90] 吴洁清，董勇燕，熊俊梅，曹钰. 大学生主动性人格与生涯适应力的关系：成就动机的中介作用及其性别差异 [J]. 心理发展与教育（5）：547—556.

[91] 吴士健，杜梦贞，周忠宝. 和合文化情境下包容性领导如何影响员工越轨创新行为 [J]. 科技进步与对策，2020，37（17）：142—151.

[92] 吴志平，陈福添. 中国文化情境下团队心理安全气氛的量表开发 [J].

管理学报，2011，8（01）：73－80.

[93] 徐东升，周文莉，顾远东. 领导力与组织创造力研究进展 [J]. 科技管理研究，2017，37（10）：160－167.

[94] 许颖. 真诚型领导与组织成员建言行为研究——基于包容性领导的调节作用 [J]. 郑州轻工业学院学报（社会科学版），2015，000（004）：29－33.

[95] 颜爱民，裴聪. 辱虐管理对工作绩效的影响及自我效能感的中介作用 [J]. 管理学报，2013，10（2）：213.

[96] 杨陈，唐明凤，景熠. 关系型人力资源管理实践对员工主动变革行为的影响机制研究 [J]. 管理评论，2019，31（12）：207－218.

[97] 杨洁，张迎新. 大学生创业能力动态模型构建及培养策略——基于扎根理论视角 [J]. 创新与创业教育，2019，10（003）：57－61.

[98] 杨廷忠，裴晓明，马彦. 合理行动理论及其扩展理论——计划行为理论在健康行为认识和改变中的应用 [J]. 中国健康教育，2002（12）：30－32.

[99] 杨烁，余凯. 组织信任对教师知识共享的影响研究——心理安全感的中介作用及沟通满意度的调节作用 [J]. 教育研究与实验，2019（2）：39－45.

[100] 杨皖苏，赵天滋，杨善林. 差序式领导、自我效能感与员工沉默行为关系的实证研究——雇佣关系氛围与组织结构有机性的调节作用 [J]. 企业经济，2018（10）：110－119.

[101] 姚明晖，李元旭. 包容性领导对员工创新行为作用机制研究 [J]. 科技进步与对策，2014（10）：6－9.

[102] 叶宝娟，温忠麟. 有中介的调节模型检验方法：甄别和整合 [J]. 心理学报，2013，45（9）：1050－1060.

[103] 尹奎，孙健敏，邢璐，杨夕瑾. 研究生科研角色认同对科研创造力的影响：导师包容性领导、师门差错管理氛围的作用 [J]. 心理发展与教育，2016，32（05）：557－564.

[104] 余璇，袁月，夏文静. 包容性领导对下属心理安全感的影响研究——兼论高质量关系的中介作用 [J]. 西南石油大学学报（社会科学版），

2019（6）：31－37.

[105] 张红涛，王二平. 态度与行为关系研究现状及发展趋势［J］. 心理科学进展，2007，15（1）：163－168.

[106] 张慧，孙黎玮，陈秋萍. 导游心理资本构建及其对离职倾向的影响研究［J］. 长春理工大学学报（社会科学版），2014，000（001）：147－150.

[107] 张丽华，朱金强，冯彩玲. 员工创新行为的前因和结果变量研究［J］. 管理世界，2016，（6）：182－183.

[108] 章璐璐，杨付，古银华. 包容性领导：概念、测量及与相关变量的关系［J］. 心理科学进展，2016，24（009）：1467－1477.

[109] 张亚军，肖小虹. 挑战性－阻碍性压力对员工创造力的影响研究［J］. 科研管理，2016，37（6）：10－18.

[110] 张毅，游达明. 团队反思、团队心理安全感对团队创新的影响——一个被中介的调节效应模型检验［J］. 商业经济与管理，2014，000（008）：26－36.

[111] 张永军，廖建桥，张可军. 成就目标导向，心理安全与知识共享意愿关系的实证研究［J］. 图书情报工作，2010，54（2）：104－108.

[112] 赵金国，孙玮，朱晓红，等. CEO 授权型领导对高层管理团队创造力的影响研究［J］. 管理学报，2019（8）：1161－1167.

[113] 赵西萍，孔芳. 科研人员自我效能感与三维绩效：工作复杂性的调节作用［J］. 软科学，2011，25（2）：104－107.

[114] 赵新宇，尚玉钒，李瑜佳. 基于高校科研团队的领导语言框架、工作复杂性、认知评价与创造力关系研究［J］. 管理学报，2016，13（5）：671－679.

[115] 钟熙，付晔，王甜. 包容性领导、内部人身份认知与员工知识共享——组织创新氛围的调节作用［J］. 研究与发展管理，2019（3）：109－120.

[116] 周浩，龙立荣. 共同方法偏差的统计检验与控制方法［J］. 心理科学进展，2004，12（6）：942－950.

[117] 周文霞，郭桂萍. 自我效能感：概念，理论和应用［J］. 中国人民大

学学报，2006（01）：91－97.

[118] 周星，程坦. 领导容错行为能否提高员工的积极性？——一项跨层次研究［J］. 经济管理，2020，42（01）：111－126.

[119] 朱晓妹，黄艳，何勤，等. 安全的组织氛围会让员工实现职业召唤吗？组织认同与包容性领导的作用［J］. 中国人力资源开发，2019，036（010）：32－44.

[120] 朱晓妹，孔令卫，郝龙飞，陈驰茵. 包容性领导能促进科研人员提升创新绩效吗？——一个有中介的调节作用模型［J］. 科技管理研究，2016，36（02）：112－116＋122.

[121] 朱永跃，欧阳晨慧. 领导授权与员工创造力：建言行为和权力距离的影响［J］. 工业工程与管理，2019（2）：116－122.

[122] 朱瑜，钱姝婷. 包容性领导研究前沿探析与未来展望［J］. 外国经济与管理，2014，36（2）：55－64.

[123] 邹文篪，田青，刘佳. "投桃报李"——互惠理论的组织行为学研究述评［J］. 心理科学进展，2012，20（011）：1879－1888.

学位论文：

[1] 常阳. 包容性领导对员工创造力的影响研究［D］. 湘潭：湘潭大学，2018.

[2] 陈冰. 包容性领导可以提高员工工作敬业度吗［D］. 成都：西南交通大学，2017.

[3] 陈云. 包容性领导风格对员工创新行为的影响效应［D］. 合肥：安徽大学，2017.

[4] 程伟波. 包容性领导对员工态度和行为影响的实证研究［D］. 长沙：中南大学，2014.

[5] 邓玉林. 知识型员工的激励机制研究［D］. 南京：东南大学，2006.

[6] 高建丽. 个体—组织文化契合对员工敬业度的作用机理研究［D］. 上海：东华大学，2015.

[7] 蒋灿. 包容性领导对员工创新行为的影响研究：差错管理氛围的中介作用［D］. 大连：东北财经大学，2017.

[8] 梁宇颂. 大学生成就目标、归因方式与学业自我效能感的研究 [D]. 武汉：华中师范大学，2000.
[9] 石变梅. 主动性人格对大学生创造力的影响研究 [D]. 杭州：浙江大学，2014.
[10] 王国保. 中国文化因素对知识共享、员工创造力的影响研究 [D]. 杭州：浙江大学，2010.
[11] 王慧娟. 授权型领导对员工创新行为的影响研究——心理可行性及组织支持感的作用 [D]. 杭州：浙江工商大学，2015.
[12] 王红艳. 包容性领导与员工工作绩效：组织认同与领导—成员交换的中介作用 [D]. 开封：河南大学，2015.
[13] 薛玉品. 个人创新的影响因素分析：从创造力人格，主管领导型态与组织创新环境的观点探讨 [D]. 厦门：厦门大学，2007.
[14] 杨敏禧. 心理安全气氛与学习行为对组织学习的影响 [D]. 云林：台湾云林科技大学，2002.
[15] 张琦. 包容性领导对员工沉默行为的影响研究 [D]. 沈阳：辽宁大学，2016.
[16] 朱桦. 包容性领导对员工创造力的影响研究 [D]. 马鞍山：安徽工业大学，2019.

中文专著：

[1] 弗雷德·鲁森斯. 组织行为学 [M]. 北京：人民邮电出版社，2003.
[2] 温忠麟，刘红云，侯杰泰. 调节效应和中介效应分析 [M]. 北京：教育科学出版社，2012.
[3] 吴明隆. SPSS统计应用实务 [M]. 北京：科学出版社，2003.

外文期刊：

[1] Abraham Carmeli，Roni ReiterPalmon，Enbal Ziv. Inclusiveleadership and employee involvement in creative tasks in the workplace：the mediating role of psychological safety [J]. Creativity Research Journal，2010，22 (3)：250－260.

[2] Ainscow M, César M. Inclusive education ten years aftersalamanca: setting the agenda [J]. European Journal of Psychology of Education, 2006, 21 (3): 231—238.

[3] Ainscow M, Sandill A. Developing inclusive education systems: the role of organizational cultures and leadership [J]. International Journal of Inclusive Education, 2010, 14 (4): p. 401—416.

[4] Ajzen I. The theory of planned behavior [J]. Organizational behavior and human decision processes, 1991, 50: 179—2117.

[5] Ajzen I, Fishbein M. A Bayesian analysis of attribution processes. [J]. Psychological Bulletin, 1975, 82 (2): 261—277.

[6] Alok K, Israel D. Authentic leadership & work engagement [J]. Indian Journal of Industrial Relations, 2012, 47 (3): 498—511.

[7] Amabile T M, Pillemer J. Perspectives on thesocial psychology of creativity [J]. Journal of Creative Behavior, 2012, 46 (1): 3—15.

[8] Amabile T M, Conti R, Coon H. Assessing the work environment for creativity [J]. Academy of Management Journal, 1996, 39 (5): 1154—1184.

[9] A R H, B A C P, C A C, et al. Linking leader inclusiveness to work unit performance: The importance of psychological safety and learning from failures — science direct [J]. The Leadership Quarterly, 2012, 23 (1): 107—117.

[10] Bagozzi R P, Yi Y. On the evaluation of structural equation models [J]. Journal of the Academy of Marketing Science, 1988, 16 (1): 74—94.

[11] Bandura A. Self — efficacy: Toward a unifying theory of behavioral change [J]. Psychological Review, 1977, 84 (2), 191.

[12] Bandura A. Self—efficacy mechanism in human agency [J]. American Psychologist, 1982, 37 (2), 122—147.

[13] Bandura A. Freeman W H, Lightsey R. Self—efficacy: the exercise of control [J]. Journal of Cognitive Psychotherapy, 1997.

[14] Barak M E M, Findler L, Wind L H. Diversity, inclusion, and commitment in organizations: International empirical explorations [J]. Journal of Behavioral & Applied Management, 2001, 2 (2): 70—91.

[15] Barak, Michàl E. Mor, Levin A. Outside of the corporate mainstream and excluded from the work community: A study of diversity, job satisfaction and well—being [J]. Community Work & Family, 2002, 5 (2): 133—157.

[16] Baron R M, Kenny D A. The moderator—mediator variable distinction in social psychological research: conceptual, strategic, and statistical considerations [J]. Chapman and Hall, 1986, 51 (6): 1173—1182.

[17] Bass B M. Leadershipperformance beyond expectations [J]. Academy of Management Review, 1985.

[18] Bateman T S, Crant J M. The proactive component of organizational behavior: A measure and correlates [J]. Journal of Organizational Behavior, 1993, 14 (2), 103—118.

[19] Binyamin G, Carmeli A. Does structuring of human resource management processes enhance employee creativity? The mediating role of psychological availability [J]. Human Resource Management, 2010, 49 (6): 999—1024.

[20] Bock G W, Zmud R W, Kim Y G. Behavioral intention formation in knowledge sharing: Examining the roles of extrinsic motivators, social—psychological forces, and organizational climate [J]. Mis Quarterly, 2005, 29 (1): 87—111.

[21] Brown, Steven P. A new look at psychological climate and its relationship to job involvement, effort, and performance [J]. Journal of Applied Psychology, 1996.

[22] Carmeli A, Reiter—Palmon R, Ziv E. Inclusive leadership and employee involvement in crcreative tasks in the workplace: The media-

ting role of psychological safety [J]. Creativity Research Journal, 2010, 22 (3), 250—260.

[23] Chen K H, Yien J M, Huang C J. Theperceived leader support behavior for subordinate's creativity: The moderating effect of trust [J]. Journal of Social Sciences, 2011, 7 (2).

[24] Cho S, Barak M E M. Understanding ofdiversity and inclusion in a Perceived Homogeneous Culture: A Study of Organizational Commitment and Job Performance Among Korean Employees [J]. Administration in Social Work, 2008, 32 (4): 100—126.

[25] Choi S B, Tran T B H, Park B I. Inclusiveleadership and work engagement: Mediating roles of affective organizational commitment and creativity [J]. Social Behavior & Personality an International Journal, 2015, 43 (6).

[26] Cialdini R B, Reno R R, Kallgren C A. Afocus theory of normative conduct: Recycling the concept of norms to reduce littering in public places [J]. Journal of Personality and Social Psychology, 1990, 58 (6): 1015—1026.

[27] Colbert A E, Witt L A. The role of goal—focused leadership in enabling the expression of conscientiousness [J]. Journal of Applied Psychology, 2009, 94 (3): 790.

[28] Compeau D R, Higgins C A. Computer self—efficacy: Development of a measure and initial test [J]. Mis Quarterly, 1995, 19 (2): 189—211.

[29] Corbet G B, Hill J E, Wilson D E, et al. Mammal species of the world: A taxonomic and geographic reference [J]. Journal of Mammalogy, 1994, 75 (1): 239.

[30] Cropanzano R, Anthony E L, Daniels S R, Hall A V. Socialexchange theory: A critical review with theoretical remedies [J]. Academy of Management Annals, 2016, 11 (1): 1—38.

[31] Danner—Vlaardingerbroek G, Kluwer E S, Steenbergen E F V, et

al. Knock, knock, anybody home? Psychological availability as link between work and relationship [J]. Personal Relationships, 2013, 20 (1): 52—68.

[32] Dawkins S, Tiab A W, Newman A, et al. Psychological ownership: a review and research agenda [J]. Journal of Organizational Behavior, 2017, 38 (2): 163—183.

[33] Dean J W, Snell S A. Integratedmanufacturing and job design: Moderating effects of organizational inertia [J]. Academy of Management Journal, 1991, 34 (4): 776—804.

[34] Deci E L, Koestner R, Ryan R M. The undermining effect is a reality after all—Extrinsic rewards, task interest, and self—determination: Reply to Eisenberger, Pierce, and Cameron (1999) and Lepper, Henderlong, and Gingras (1999) [J]. Psychological Bulletin, 1999, 125 (6): 692—700.

[35] Detert J R, Burris E R. Leadershipbehavior and employee voice: Is the door really open? [J]. Academy of Management Journal, 2007, 50 (4): 869—884.

[36] Devecchi C, Nevin A. Leadership for inclusive schools and inclusive school leadership [J]. Advances in Educational Administration, 2010, 11: 211—241.

[37] Dwertmann D J G, Boehm S A. Status matters: The asymmetric effects of supervisor—subordinate disability incongruence and climate for inclusion [J]. Academy of Management Journal, 2016, 59 (1).

[38] Eby L T, Dobbins G H. Collectivistic orientation in teams: an individual and group—level analysis [J]. Journal of Organizational Behavior, 1997, 18 (3): 275—295.

[39] Eisenbeiβ S A, Boerner S. A Double—edged Sword: Transformationalleadership and individual creativity [J]. British Journal of Management, 2013, 24 (1): 54—68.

[40] Eisenberger R, Armeli S, Rexwinkel B, Lynch P D, Rhoades L.

Reciprocation ofperceived organizational support [J]. Journal of Applied Psychology, 2001, 86 (1): 42—51.

[41] Emerson R M. Exchange Theory Part I: A psychological basis for social exchange [J]. Sociological Theories in Progress, 1972 (2): 38—57.

[42] Farmer S M, Tierney P, Kungmcintyre K. Employeecreativity in Taiwan: An application of role identity theory [J]. Academy of Management Journal, 2003, 46 (5): 618—630.

[43] Findler L, Wind L H, Barak, Michálle E Mor. Thechallenge of workforce management in a global society [J]. Administration in Social Work, 2007, 31 (3): 63—94.

[44] Fishbein W N, Carbone P P. Hydroxyurea: Mechanism ofaction [J]. Science, 1963, 142 (3595): 1069—1070.

[45] Folkman S, Lazarus R S. An analysis of coping in a middle—aged community sample [J]. Journal of Health & Social Behavior, 1980, 21 (3): 219—239.

[46] Ford C M. Atheory of individual creative action in multiple social domains [J]. The Academy of Management Review, 1996.

[47] Fornell C, Larcker D F. Evaluatingstructural equation models with unobservable variables and measurement error [J]. Journal of Marketing Research, 1981, 18 (1): 39—50.

[48] Fulford M D, Enz C A. The impact of empowerment on service employees [J]. Journal of Managerial Issues, 1995, 7 (2): 161—175.

[49] Fuller J, Hester K, Barnett T, Frey L, Relyea C, and Beu D. Perceived external prestige and internal respect: New insights into the organizational identification process [J]. Human Relations 2006, 59: 815—46.

[50] Funder David C, Colvin Randall C. Explorations inbehavioral consistency: Properties of persons, situations, and behaviors [J]. Journal of Personality & Social Psychology, 1991.

[51] George J M, Zhou J. Dual tuning in a supportive context: joint contributions of positive mood, negative mood, and supervisory behaviors to employee creativity [J]. Academy of Management Journal, 2007, 8 (7): 762—774.

[52] George J M, Zhou J. Understandingwhen bad moods foster creativity and good ones don't: The role of context and clarity of feelings [J]. Journal of Applied Psychology, 2002, 87 (4): 687—697.

[53] Gernigon C, Delloye J B. Self — Efficacy, causal attribution, and track athletic performance following unexpected success or failure among elite sprinters [J]. Sport Psychologist, 2003, 17 (1): 55—76.

[54] Gevers J M P, Demerouti E. How supervisors' reminders relate to subordinates' absorption and creativity [J]. Journal of Managerial Psychology, 2013, 28 (6): 677—698.

[55] Gorgievski M J, Halbesleben J R B, Bakker A B. Expanding the boundaries of psychological resource theories [J]. Journal of Occupation & Organizational Psychology, 2011, 84 (1), 1—7.

[56] Granados A C, Kruse F. Implementing changes in the head teacher role : Adaptation of strategic leadership style in inclusive school settings [J]. International Journal of Leadership in Public Services, 2005, 7 (4): 287—303.

[57] Hackman J R, Oldham G R. Development of thejob diagnostic survey [J]. Journal of Applied Psychology, 1975, 60 (2): 159—170.

[58] Hakanen J J, Peeters M C W, Perhoniemi R. Enrichment processes and gain spirals at work and at home: A 3—year cross—lagged panel study [J]. Journal of Occupational and Organizational Psychology, 2011, 84 (1), 8—30.

[59] Hallbesleben J R B, Neveu J P, Paustiannunderdahl S C, Westman M. Getting to the COR: Understangding the role of resources in conservation of resources theory [J]. Journal of Management, 40 (5),

1334－1364.

[60] Halbesleben J R B, Wheeler A R. The relative roles of engagement and embeddedness in predicting job performance and intention to leave [J]. Work & Stress, 2008, 22 (3): 242－256.

[61] Hantula D A. Inclusive Leadership: Theessential leader－follower relationship [J]. Psychological Record, 2009, 59 (4): 701－704.

[62] Hatcher L, Ross T L, Collins D. Prosocialbehavior, job complexity, and Suggestion contribution under gain sharing plans [J]. Journal of Applied Behavioral Science, 1989, 25 (3): 231－248.

[63] Hirak R, Peng A C, Carmeli A, & Schaubroeck J M. Linking leader inclusiveness to work unit performance: The importance of psychological safety and learning from failures [J]. The Leadership Quarterly, 2012, 23 (1), 107－117.

[64] Hocevar, D. The development of the creative behavior inventory [J]. Achievement, 1979: 15.

[65] Hobfoll S E. Conservation of resources. A new attempt at conceptualizing stress [J]. American Psychologist, 1989, 44 (3): 513.

[66] Hobfoll S E. Conservation of resource caravans and engaged settings [J]. Journal of Occupational & Organizational Psychology, 2011, 84 (1): 116－122.

[67] Hobfoll S E, Hallbesleben J, Neveu J P, Westman M. Conservationof resources in the organizational context: The reality of resources and their consequences [J]. Annual Review of Organizational Psychology and Organizational Behavior, 2018, 5 (10), 1－26.

[68] Hobfoll S E, Shirom A. Conservation of resources theory: Applications to stress and management in the workplace [J]. Public Policy & Administration, 2011, 87, 57－80.

[69] Hollander E P. Inclusive leadership: The essential leader－follower relationship [J]. Psychological Record, 2009, 59 (4): 701－704.

[70] Howard J, Shaw E K, Felsen C B, et al. Physicians as inclusive

leaders：insights from a participatory quality improvement intervention [J]. Quality Management in Health Care，2012，21 (3)：135.

[71] Hu L T，Be Ntler P M. Fit indices in covariance structure modeling：Sensitivity to under parameterized model misspecification [J]. Psychological Methods，1998，3 (4)：424—453.

[72] Jacqueline B. Temple，Jari Ylitalo. Promoting Inclusive (and Dialogic) Leadership in Higher Education Institutions [J]. Tertiary Education & Management，2009，15 (3)：277—289.

[73] Jafri M H，Dem C，Choden S. Emotionalintelligence and employee creativity：Moderating role of proactive personality and organizational climate [J]. Business Perspectives & Research，2016，4 (1)：54—66.

[74] James K，Brodersen M，Eisenberg J. Workplaceaffect and workplace creativity：A review and preliminary model [J]. Human Performance，2004，17 (2)，169—194.

[75] Janssen O. The joint impact of perceived influence and supervisor supportiveness on employee innovative behaviour [J]. Journal of Occupational & Organizational Psychology，2005，78 (4)：573—579.

[76] Jassawalla A R，Sashittal H C. Anexamination of collaboration in high—technology new product development processes [J]. Journal of Product Innovation Management，1998.

[77] Jaussi K S，Dionne S D. Leading for creativity：The role of unconventional leader behavior [J]. Leadership Quarterly，2003，14 (4—5)：475—498.

[78] Javed B，Raza Naqvi S M M，Khan A K，Arjoon S，Tayyeb H H. Impact of inclusive leadership on innovative work behavior：the role of psychological safety [J]. Journal of Management & Organization，2017，23 (3)：472—472.

[79] Javed B，Fatima T，Khan A K，& Bashir S. Impact of inclusive leadership on innovative work behavior：the role of creative self—effi-

cacy [J]. The Journal of Creative Behavior, 2020.

[80] Kacmar K M, Collins B J, Harris K J, et al. Core self−evaluations and job performance: the role of the perceived work environment [J]. Journal of Apply Psychology, 2009, 94 (6): 1572−1580.

[81] Kahn W A. Psychologicalconditions of personal engagement and disengagement at work [J]. Academy of Management Journal, 1990, 33 (4): 692−724.

[82] Kaiser R B, Hogan R, Craig S B. Leadership and the fate of organizations [J]. American Psychologist, 2008, 63 (2): 96−110.

[83] Kanter, Moss R. Aculture of innovation [J]. Executive Excellence, 2000.

[84] Kavanagh D J, Bower G H. Mood and self−efficacy: Impact of joy and sadness on perceived capabilities [J]. Cognitive Therapy & Research, 1985, 9 (5): 507−525.

[85] Kessel M, Kratzer J, Schultz C. Psychologicalsafety, knowledge sharing, and creative performance in healthcare teams [J]. Creativity and Innovation Management, 2012, 21 (2): 147−157.

[86] Kleysen R F, Street C T. Toward amulti−dimensional measure of individual innovative behavior [J]. Journal of Intellectual Capital, 2001, 2 (3): 284−296.

[87] Koffka K. Perception: an introduction to the Gestalt−theory [J]. Psych Bull, 1922, 19 (10): 531−585.

[88] Kris B, Shalini K. Rewards and creative performance: a meta−analytic test of theoretically derived hypotheses [J]. Psychological Bulletin, 2012, 138 (4): 809−30.

[89] Kugelmass A D, Cohen D J, Houser F, et al. The influence of diabetes mellitus on the practice and outcomes of percutaneous coronary intervention in the community: a report from the HCA database [J]. Journal of Invasive Cardiology, 2003, 15 (10): 568−574.

[90] Łaba K, Geldenhuys M. Psychological availability and work engage-

ment: The moderating role of sex and race [J]. Journal of Psychology in Africa, 2016, 26 (2): 107.

[91] Latino N M. Unmasking Whiteness: A framework for understanding inclusive leadership at a predominately White institution [D]. University of Denver, 2010.

[92] Lee R, Ashforth B E. A meta—analytic examination of the correlates of the three dimensions of job burnout [J]. Journal of Applied Psychology, 1996, 81 (2): 123—133.

[93] Lee R T, Ashforth B E. Afurther examination of managerial burnout: Toward an integrated model [J]. Journal of Organizational Behavior, 1993, 14 (1): 3—20.

[94] Lent R W, Brown S D. Integrating person and situation perspectives on work satisfaction: A social—cognitive view [J]. Journal of Vocational Behavior, 2006, 69 (2): 236—247.

[95] Leonard D, Swap W. How managers can spark creativity [J]. Leader to Leader, 1999, (14): 43—48.

[96] Liang J, Farh C I C, Farh J L. Psychologicalantecedents of promotive and prohibitive voice: A two — wave examination [J]. Academy of Management Journal, 2012, 55 (1): 71—92.

[97] Lisa H, Nishii David M, et al. Do inclusive leaders help to reduce turnover in diverse groups? The moderating role of leader — member exchange in the diversity to turnover relationship [J]. The Journal of applied psychology, 2009.

[98] Liu S, Schuler R S, Zhang P. External learning activities and employee creativity in Chinese R&D teams [J]. Cross Cultural Management—an International Journal, 2013, 20 (3): 429—448.

[99] Liu D, Jiang K F, Chrisina E S, Keem S, Zhou J. Motivational mechanisms of employee creativity: A meta—analytic examination and theoretical extension of the creativity literature [J]. Organizational Behavior and Human Decision Processes, 2016, 137 (10): 236 —

263.

[100] Liu W. Effects ofpositive mood and job complexity on employee creativity and performance [J]. Social Behavior & Personality an International Journal, 2016, 44 (5): 865—880.

[101] Livingstone L P, Nelson D L, Barr S H. Person—environment fit and creativity: An examination of supply—value and demand—ability versions of fit [J]. Journal of Management, 1997, 23 (2): 119—146.

[102] Locke E A, Frederick E, Lee C, et al. Effect of self—efficacy, goals, and task strategies on task performance [J]. Journal of Applied Psychology, 1984, 69 (2): 241—251.

[103] Lubart T I, Sternberg R J. An investment approach to creativity [J]. Theory and data, 1995.

[104] Lynn M R. Determination and quantification of content validity [J]. Nursing Research, 1986, 35 (6): 382—385.

[105] Lyu, Xiaojun. Effect of organizational justice on work engagement with psychological safety as a mediator: Evidence from China [J]. Social Behavior & Personality An International Journal, 2016, 44 (8): 1359—1370.

[106] Mac Callum, Robert C, Browne Michael W, Sugawara Hazuki M. Power analysis and determination of sample size for covariance structure modeling [J]. Psychological Methods, 1996, 1 (2), 130—149.

[107] Mackinnon D P, Lockwood C M, Hoffman J M, et al. A comparison of methods to test mediation and other intervening variable effects [J]. Psychological Methods, 2002, 7 (1): 83—104.

[108] Malik M, Butt A N, Choi J N. Rewards andcreativity: Moderating effects of reward importance, locus of control, and self—efficacy [J]. Academy of Management Annual Meeting Proceedings, 2013, 2013 (1): 14070—14078.

[109] Markman G, Baron R A, Balkin D B. Are perseverance and self—efficacy costless? Assessing entrepreneurs' regretful thinking [J]. Journal of Organizational Behavior, 2005, 26 (1): 1—19.

[110] May D R, Gilson R L, Harter L M. The psychological conditions of meaningfulness, safety and availability and the engagement of the human spirit at work. [J]. Journal of Occupational & Organizational Psychology, 2004, 77 (1): 11—37.

[111] Mcdonald T, Siegall M. Theeffects of technological self—efficacy and job focus on job performance, attitudes, and withdrawal behaviors [J]. The Journal of Psychology, 2012, 126 (5): 465—475.

[112] Mor—Barak M E, Cherin D A. Atool to expand organizational understanding of workforce diversity [J]. Administration in Social Work, 1998, 22 (1): 47—64.

[113] Muller D, Judd C M, Yzerbyt V Y. When moderation is mediated and mediation is moderated [J]. Journal of Personality Social Psychology, 2005, 89 (6): 852—863.

[114] Mura M, Lettieri E, Radaelli G, Spiller N. Promoting professionals' innovative behaviour through knowledge sharing: the moderating role of social capital [J]. Journal of Knowledge Management, 2013, 17 (4), 527—544.

[115] Nishii L H. The benefits of climate for inclusion for gender—diverse groups [J]. Academy of Management Journal, 2013, 56 (6): 1754—1774.

[116] Nishii L H, Mayer D M. Do inclusive leaders help to reduce turnover in diverse groups? The moderating role of leader—member exchange in the diversity to turnover relationship [J]. Journal of Applied Psychology, 2009, 94 (6): 1412—26.

[117] Nembhard I M, Edmondson A C. Making It Safe: Theeffects of leader inclusiveness and professional status on psychological safety and improvement efforts in health care teams [J]. Journal of Organi-

zational Behavior, 2006, 27 (7): 941—966.

[118] Odoardi C, Montani F, Boudrias J S, et al. Linking managerial practices and leadership style to innovative work behavior: The role of group and psychological processes [J]. Leadership & Organization Development Journal, 2015, 36 (5): 545—569.

[119] Oke A, Munshi N, Walumbwa F O. Theinfluence of leadership on innovation processes and activities [J]. Organizational Dynamics, 2009, 38 (1): 64—72.

[120] Oldham G R, Cummings A. Employee creativity: Personal and contextual factors at work [J]. Academy of Management Journal, 1996, 39 (3): 607—634.

[121] Pajares, Frank. Self—efficacy beliefs, motivation, and achievement in writing: A review of the literature [J]. Reading & Writing Quarterly, 2003, 19 (2): 139—158.

[122] Parker, Sharon K. Enhancing role breadth self—efficacy: the roles of job enrichment and other organizational interventions [J]. Journal of Applied Psychology, 1998, 83 (6): 835—852.

[123] Parker S K, Sprigg C A. Minimizing strain and maximizing learning: The role of job demands, job control, and proactive personality [J]. Journal of Applied Psychology, 1999, 84 (6): 925—939.

[124] Pless N, Maak T. Building aninclusive diversity culture: Principles, processes and practice [J]. Journal of Business Ethics, 2004, 54 (2): 129—147.

[125] Podsakoff P M, Mackenzie S B, Lee J Y, et al. Common method biases in behavioral research: a critical review of the literature and recommended remedies [J]. Journal of Applied Psychology, 2003, 88 (5): 879—903.

[126] Preacher K J, Hayes A F. SPSS and SAS procedures for estimating indirect effects in simple mediation models [J]. Behavior Research Methods Instruments & Computers, 2004, 36 (4): 717—731.

[127] Raines—Eudy, R. Using structural equation modeling to test for differential reliability and validity: An empirical demonstration structural equation modeling [J]. A Multidisciplinary Journal, 2000, 7 (1): 124—141.

[128] Ramamoorthy N, Flood P C, Slattery T, et al. Determinants ofinnovative work behaviour: Development and test of an integrated model [J]. Creativity & Innovation Management, 2010, 14.

[129] Rayner, Steve. Educational diversity and learning leadership: a proposition, some principles and a model of inclusive leadership? [J]. Educational Review, 2009, 61 (4): 433—447.

[130] Reed R, Lewin K. Fieldtheory in social science [J]. American Catholic Sociological Review, 1951, 12 (2): 103.

[131] Riggle R J, Edmondson D R, Hansen J D. A meta—analysis of the relationship between perceived organizational support and job outcomes: 20 years of research [J]. Journal of Business Research, 2009, 62 (10): 1027—1030.

[132] Runco, Mark A, Thurston, et al. Students'ratings of college teaching: A social validation [J]. Teaching of Psychology, 1987.

[133] Russo M, Shteigman A, Carmeli A. Workplace and family support and work—life balance: Implications for individual psychological availability and energy at work [J]. Journal of Positive Psychology, 2016, 11 (2): 173—188.

[134] Ryan J. Inclusiveleadership and social justice for schools [J]. Leadership & Policy in Schools, 2006, 5 (1): 3—17.

[135] Scott S G, Bruce R A. Determinants ofinnovative behavior: A path model of individual innovation in the workplace [J]. Academy of Management Journal, 1994, 37 (3): 580—607.

[136] Seibert S E, Crant J M, Kraimer M L. Proactive personality and career success [J]. The Journal of applied psychology, 1999.

[137] Sessler Bernstein R, Bilimoria D. Diversity perspectives and minority

nonprofit board member inclusion [J]. Equality, 2013, 32 (7): 636—653.

[138] Shalley C E, Zhou J, Oldham G R. The effects of personal and contextual characteristics on creativity: Where should we go from here? [J]. Journal of Management, 2004, 30 (6): 933—958.

[139] Shaw J D, Gupta N. Jobcomplexity, performance, and well—being: When does supplies—values fit matter? [J]. Personnel Psychology, 2004, 57 (4): 847—879.

[140] Sheppard B H, Lewicki R J, Minton J W. Organizational justice: the search for fairness in the workplace [J]. Academy of Management Review, 1999 (1): 152—156.

[141] Shin S J, Zhou J. Transformational leadership, conservation, and creativity: Evidence from Korea [J]. The Academy of Management Journal, 2003, 46 (6): 703—714.

[142] Shore L M, Randel A E, Chung B G, et al. Inclusion and diversity in work groups: A review and model for future research [J]. Journal of Management, 2011, 37 (4): 1262—1289.

[143] Siemsen E, Roth A V, Balasubramanian S, et al. Theinfluence of psychological safety and confidence in knowledge on employee knowledge sharing [J]. Manufacturing & Service Operations Management, 2009, 11 (3): 429—447.

[144] Simoni M. Bakker, E. Eurlings M, Matthijs G, Moro E, Mueller C R, Vogt P H. Laboratory guidelines for molecular diagnosis of Y-chromosomal microdeletions [J]. International Journal of Andrology, 1999 (22): 292±299.

[145] Stajkovic A D, F Luthans. Self—efficacy and work—related performance: A meta—analysis [J]. Psychological Bulletin, 1998, 124 (2): 240—261.

[146] Strauss K, Griffin M A, Rafferty A E. Proactivitydirected toward the team and organization: The role of leadership, commitment and

role— breadth self — efficacy [J]. British Journal of Management, 2010, 20 (3): 279—291.

[147] Talarico J M, Labar K S, Rubin D C. Emotional intensity predicts autobiographical memory experience [J]. Memory & Cognition, 2004, 32 (7): 1118—1132.

[148] Tang N, Jiang Y, Chen C, et al. Inclusion and inclusion management in the Chinese context: an exploratory study [J]. International Journal of Human Resource Management, 2015, 26 (6): 856—874.

[149] Tepper B J, Carr J C, Breaux D M, Geider S, Hu C, Wei H. Abusive supervision, intentions to quit, and employees' workplace deviance: A power/dependence analysis [J]. Organizational Behavior & Human Decision Processes, 2009, 109 (2): 156—167.

[150] Tett, R. P., Burnett, D. D. A personality trait—based interactionist model of job performance [J]. Journal of Applied Psychology, 2003, 88 (3), 500—517.

[151] Tett R P, Guterman H A. Situationtrait relevance, trait expression, and cross—situational consistency: Testing a principle of trait activation [J]. Journal of Research in Personality, 2000, 34 (4): 397—423.

[152] Tierney P, Farmer S M. Creativeself—efficacy: Its potential antecedents and relationship to creative performance [J]. Academy of Management Journal, 2002, 45 (6): 1137—1148.

[153] Torrance E P. Creativity andintelligence [J]. School Review, 1963, 71 (1): 112—115.

[154] Triandis H C, Herzberg F. Work and the nature of man [J]. Monthly Labor Review, 1968, 20 (3).

[155] Tyan Caroline, Rousseau V. Teamgoal commitment and team effectiveness: The role of task interdependence and supportive behaviors [J]. Group Dynamics: Theory, Research, and Practice, 2005, 9

(3)：189—204.

[156] Vessey W B，Barrett J D，Mumford M D，et al. Leadership of highly creative people in highly creative fields：A historiometric study of scientific leaders [J]. Leadership Quarterly，2014，25 (4)：672—691.

[157] Vinarski—Peretz H，Carmeli A. Linking care felt to engagement in innovative behaviors in the workplace：The mediating role of psychological conditions [J]. Psychology of Aesthetics Creativity & the Arts，2011，5 (1)：43—53.

[158] Weick K E，Bougon M G，Maruyama G. The equity context [J]. Organizational Behavior and Human Performance，1976，15：32—65.

[159] Whittington J. The process of effective critiques [J]. Computers & Graphics，2004，28 (3)：401—407.

[160] Woodman R W，Schoenfeldt L F. An Interactionist Model of Creative Behavior [J]. Journal of Creative Behavior，1990，24 (4)：10—20.

[161] Ye Q，Wang D，Li X. Inclusive leadership and employees' learning from errors：a moderated mediation model [J]. Australian Journal of Management，2019，44 (3)：1—20. doi：462—481.

[162] Zacher H，Heusner S，Schmitz M，et al. Focus on opportunities as a mediator of the relationships between age，job complexity，and work performance [J]. Journal of Vocational Behavior，2010，76 (3)：374—386.

[163] Zhang X，Bartol K M. Linking empowering leadership and employee creativity：The influence of psychological empowerment，intrinsic motivation，and creative process engagement [J]. Academy of Management Journal，2010，53 (1)：107—128.

[164] Zhao X，Lynch J G，Chen Q. Reconsideringbaron and kenny：Myths and truths about mediation analysis [J]. Journal of Consumer

Research, 2010, 37 (2): 197—206.

[165] Zhou J. When the presence of creative coworkers is related to creativity: Role of supervisor close monitoring, developmental feedback, and creative personality [J]. Journal of Applied Psychology, 2003, 88 (3): 413—422.

[166] Zhou J, George J M. Whenjob dissatisfaction leads to creativity: Encouraging the expression of voice [J]. Academy of Management Journal, 2001, 44 (4): 682—696.

[167] Zhou J, George J M. Awakening employee creativity: The role of leader emotional intelligence [J]. Leadership Quarterly, 2003, 14 (4): 545—568.

[168] Zhou J, Hoever I J. Research onworkplace creativity: A review and redirection [J]. Social Science Electronic Publishing, 2014, 1 (1): 333—359.

[169] Zhou J, Shalley C E. Research onemployee creativity: A critical review and directions for future research [J]. Research in Personnel & Human Resources Management, 2003, 22 (3): 165—217.

外文专著、科技报告及其他：

[1] Kuhl J, Beckmann J. Action Control: From Cognition to Behavior [M]. Berlin: Springer—Verlag, 1985.

[2] Albert Bandura. Selfefficacy in changing Societies [M]. New York: Cambridge University Press, 1995.

[3] Atkinson J W. An introduction to motivation [M]. Princeton: Van Nostrand, 1964.

[4] Bourdieu P, Nice R. Distinction : a social critique of the judgement of taste [M]. Cambridge: Harvard University Press, 1986.

[5] Campbell J P, Pritchard R D. Motivation theory in industrial and organizational psychology [M] // Dunnette M D. Handbook of industrial and organizational psychology, Chicago: Rand—McNally. 1976,

63—130.

[6] Dacey J S，Lennon K H. Understandingcreativity：The interplay of biological，psychological，and social Factors [M]. John Wiley & Sons Inc，1998.

[7] Feltz D L，Short S E，Sullivan P J. Self—efficacy in sport [M]. Human Kinetics Publishers，2008.

[8] Glanz K，Rimer B K，Lewis F M. Health eehavior and health education：theory，research，and practice [M]. San Francisco：Jossey—Bass，1997.

[9] Herzberg F，Mausner B，Snyderman B. The motivation to work [M]. New York：Wiley，1959.

[10] Kévin D. Carillo. Socialcognitive theory in IS research—Literature review，criticism，and research agenda [C] // Communications in Computer and Information Science. 4th International Conference on Information Systems，Technology and Management March 11—13，2010，Bangkok，Thailand，Berlin：Springer，20—31.

[11] Kugeless J W. Inclusive leadership：leadership for inclusion [R]. London：National College for School Leadership，2003.

[12] Maslow A H. Motivation and personality [M]. New York：Harper & Row，1954.

[13] McClelland D C. Assessing human motivation [M]. NewYork：General Learning Press，1971.

[14] McClelland D C. The achieving society [M]. Princeton：Van Nostrand，1961.

[15] McCullagh P，Weiss M R. Observational learning：The forgotten psychological method in sport psychology [M] // Van Raalte J L，Brewer B W. Exploring sport and exercise psychology. New York：American Psychological Association. 2002：131—149.

[16] Schein E H，Bennis W G. Personal and organizational change through group methods：The laboratory approach [M]. New York：Wiley，

1965.
[17] Vroom V H. Work and motivation [M]. New York: Wiley, 1964.
[18] Yin L W. Inclusive leadership and employee voice: Mediating roles of psychological safety and leader — member exchange [D]. Hong Kong: Hong Kong: Baptist University, 2013.
[19] Peterson C L. Variables that could affect cultural self—efficacy from a social learning theory perspective [D]. TUI University, 2008.

附　录

一、《包容性领导与员工创造力：心理可得性的中介作用和工作复杂性的调节作用》调查问卷

尊敬的先生/女士：

您好！

首先非常感谢您能在百忙之中抽出时间填写这份问卷，本问卷旨在评价和测量包容性领导、心理可得性、工作复杂性以及员工创造力的水平情况，以期为提升员工创造力水平提出管理建议。本次问卷纯粹为学术研究之用，采用匿名的方式调查，所有信息绝对保密。题目的回答没有对错之分，请您仔细阅读题目，据实际情况填写即可，对您的支持和帮助表示最诚挚的感谢！

第一部分　个人基本信息

请您提供一些基本信息，以便我们进行研究分类，请根据您的实际情况选择相应的选项。

1. 您的性别

A. 男　　B. 女

2. 您的年龄

A. 30 岁及以下　　B. 31—40 岁　　C. 41 岁及以上

3. 您的受教育程度

A. 高中及以下　　B. 专科　　C. 本科　　D. 硕士及以上

第二部分 包容性领导

该部分共9个题项。请根据所提供的描述，结合您自身的实际情况选择相应的选项。

1. 领导愿意倾听新的观点

A. 非常不同意 B. 不同意 C. 不确定 D. 同意 E. 非常同意

2. 领导总是能够抓住新的机遇去改善工作进程或者工作状态

A. 非常不同意 B. 不同意 C. 不确定 D. 同意 E. 非常同意

3. 领导鼓励我积极参与工作决策当中

A. 非常不同意 B. 不同意 C. 不确定 D. 同意 E. 非常同意

4. 领导愿意采纳我的建议

A. 非常不同意 B. 不同意 C. 不确定 D. 同意 E. 非常同意

5. 领导愿意参与讨论工作中出现的问题

A. 非常不同意 B. 不同意 C. 不确定 D. 同意 E. 非常同意

6. 当我在工作中遇到问题时，领导愿意为我提供帮助

A. 非常不同意 B. 不同意 C. 不确定 D. 同意 E. 非常同意

7. 当我向领导咨询问题时，领导能够为我提供专业化的建议

A. 非常不同意 B. 不同意 C. 不确定 D. 同意 E. 非常同意

8. 领导能够体谅我的失败或者错误

A. 非常不同意 B. 不同意 C. 不确定 D. 同意 E. 非常同意

9. 领导在我出现工作错误时，会给予我鼓励和支持

A. 非常不同意 B. 不同意 C. 不确定 D. 同意 E. 非常同意

第三部分 心理可得性

该部分共5个题项。请根据所提供的描述，结合您自身的实际情况选择相应的选项。

1. 我总是相信我能应付工作中的竞争性需求

A. 非常不同意 B. 不同意 C. 不确定 D. 同意 E. 非常同意

2. 我总是相信我能理清工作的思路

A. 非常不同意 B. 不同意 C. 不确定 D. 同意 E. 非常同意

3. 我总是相信我能处理好工作中出现的问题

A. 非常不同意 B. 不同意 C. 不确定 D. 同意 E. 非常同意

4. 我总是相信我可以在工作中表现出该有/适当的情绪

A. 非常不同意 B. 不同意 C. 不确定 D. 同意 E. 非常同意

5. 我总是相信我的身体状况能满足工作的要求

A. 非常不同意 B. 不同意 C. 不确定 D. 同意 E. 非常同意

第四部分 工作复杂性

该部分共 3 个题项。请根据所提供的描述，结合您自身的实际情况选择相应的选项。

1. 我的工作中需要大量的专业知识

A. 非常不同意 B. 不同意 C. 不确定 D. 同意 E. 非常同意

2. 我的工作中需要解决较多的问题

A. 非常不同意 B. 不同意 C. 不确定 D. 同意 E. 非常同意

3. 我的工作内容很复杂

A. 非常不同意 B. 不同意 C. 不确定 D. 同意 E. 非常同意

第五部分 员工创造力

该部分共 4 个题项。请根据所提供的描述，结合您自身的实际情况选择相应的选项。

1. 我会经常采用新的方法来完成工作目标

A. 非常不同意 B. 不同意 C. 不确定 D. 同意 E. 非常同意

2. 我会经常提出新颖且可行的方法来改善工作绩效

A. 非常不同意 B. 不同意 C. 不确定 D. 同意 E. 非常同意

3. 我会经常寻求新的技术、流程、工艺或创意

A. 非常不同意 B. 不同意 C. 不确定 D. 同意 E. 非常同意

4. 我会经常提出有助于改善产品质量或者工作质量的新建议

A. 非常不同意 B. 不同意 C. 不确定 D. 同意 E. 非常同意

二、《包容性领导与员工创新行为：心理安全感和自我效能感的双中介作用》调查问卷

尊敬的先生/女士：

您好！

首先非常感谢您能在百忙之中抽出时间填写这份问卷，本问卷旨在评价和测量包容性领导、心理安全感、自我效能感、组织创新奖酬以及员工创新行为的水平情况，以期为提升员工创新能力提出管理建议。本次问卷纯粹为学术研究之用，采用匿名的方式调查，所有信息绝对保密。题目的回答没有对错之分，请您仔细阅读题目，据实际情况填写即可，对您的支持和帮助表示最诚挚的感谢！

第一部分　个人基本信息

请您提供一些基本信息，以便我们进行研究分类，请根据您的实际情况选择相应的选项。

1. 您的性别

A. 男　　B. 女

2. 您的年龄

A. 25 岁以下　　B. 25—29 岁　　C. 30—39 岁

D. 40—49 岁　　E. 50 岁以上

3. 您的受教育程度

A. 高中及以下　　B. 专科　　C. 本科　　D. 硕士及以上

4. 您的工作年限

A. 3 年以下　　B. 3—6 年　　C. 7—14 年　　D. 15 年及以上

5. 您的收入水平（月薪）

A. 0.5 万以下　　B. 0.5 万—1 万　　C. 1 万—2 万

D. 2 万—3 万　　E. 3 万及以上

6. 您的工作类型

A. 行政管理人员　B. 技术/研发人员　C. 营销人员　D. 财务管理人员

E. 人力资源管理人员　F. 后勤人员　G. 生产人员　H. 其他

第二部分 包容性领导

该部分共9个题项。请根据所提供的描述，结合您自身的实际情况选择相应的选项。

1. 领导愿意倾听新的观点

A. 非常不同意 B. 不同意 C. 不确定 D. 同意 E. 非常同意

2. 领导总是能够抓住新的机遇去改善工作进程或者工作状态

A. 非常不同意 B. 不同意 C. 不确定 D. 同意 E. 非常同意

3. 领导鼓励我积极参与工作决策当中

A. 非常不同意 B. 不同意 C. 不确定 D. 同意 E. 非常同意

4. 领导愿意采纳我的建议

A. 非常不同意 B. 不同意 C. 不确定 D. 同意 E. 非常同意

5. 领导愿意参与讨论工作中出现的问题

A. 非常不同意 B. 不同意 C. 不确定 D. 同意 E. 非常同意

6. 当我在工作中遇到问题时，领导愿意为我提供帮助

A. 非常不同意 B. 不同意 C. 不确定 D. 同意 E. 非常同意

7. 当我向领导咨询问题时，领导能够为我提供专业化的建议

A. 非常不同意 B. 不同意 C. 不确定 D. 同意 E. 非常同意

8. 领导能够体谅我的失败或者错误

A. 非常不同意 B. 不同意 C. 不确定 D. 同意 E. 非常同意

9. 领导在我出现工作错误时，会给予我鼓励和支持

A. 非常不同意 B. 不同意 C. 不确定 D. 同意 E. 非常同意

第三部分 心理安全感

该部分共5个题项。请根据所提供的描述，结合您自身的实际情况选择相应的选项。

1. 我在工作中表达的看法都是自己的真实感受

A. 非常不同意 B. 不同意 C. 不确定 D. 同意 E. 非常同意

2. 在工作中，我可以大胆自由地表达自己的想法

A. 非常不同意 B. 不同意 C. 不确定 D. 同意 E. 非常同意

3. 在我的工作单位中，表达真实想法是受欢迎的

A. 非常不同意 B. 不同意 C. 不确定 D. 同意 E. 非常同意

4. 在工作中，即使我有不同的意见，也没有人会指责我

A. 非常不同意 B. 不同意 C. 不确定 D. 同意 E. 非常同意

5. 我担心在工作中表达真实想法会对自己不利

A. 非常不同意 B. 不同意 C. 不确定 D. 同意 E. 非常同意

第四部分 自我效能感

该部分共10个题项。请根据所提供的描述，结合您自身的实际情况选择相应的选项。

1. 如果我尽力去做的话，我总是能解决难题的

A. 非常不同意 B. 不同意 C. 不确定 D. 同意 E. 非常同意

2. 即使别人反对我，我仍有办法获得我想要的

A. 非常不同意 B. 不同意 C. 不确定 D. 同意 E. 非常同意

3. 对我来说，坚持理想和达成目标是比较容易的

A. 非常不同意 B. 不同意 C. 不确定 D. 同意 E. 非常同意

4. 我自信我能够有效地应付任何突如其来的事情

A. 非常不同意 B. 不同意 C. 不确定 D. 同意 E. 非常同意

5. 以我的才智，我定能应付意料之外的情况

A. 非常不同意 B. 不同意 C. 不确定 D. 同意 E. 非常同意

6. 如果我付出必要的努力，我一定能解决大多数的难题

A. 非常不同意 B. 不同意 C. 不确定 D. 同意 E. 非常同意

7. 我能冷静地面对困难，因为我信赖自己处理问题的能力

A. 非常不同意 B. 不同意 C. 不确定 D. 同意 E. 非常同意

8. 面对一个难题时，我通常能想到几个解决办法

A. 非常不同意 B. 不同意 C. 不确定 D. 同意 E. 非常同意

9. 有麻烦的时候，我通常能想到一些应对的方法

A. 非常不同意 B. 不同意 C. 不确定 D. 同意 E. 非常同意

10. 无论什么事在我身上发生，我都能应付自如

A. 非常不同意 B. 不同意 C. 不确定 D. 同意 E. 非常同意

第五部分 组织创新奖酬

该部分共 8 个题项。请根据所提供的描述，结合您自身的实际情况选择相应的选项。

1. 当我创造性地执行工作时，我会获得经济报酬，如奖金

A. 非常不同意 B. 不同意 C. 不确定 D. 同意 E. 非常同意

2. 当我创造性地执行工作时，这会影响我的晋升

A. 非常不同意 B. 不同意 C. 不确定 D. 同意 E. 非常同意

3. 如果我对任务提出新方法，这会影响我的绩效评估

A. 非常不同意 B. 不同意 C. 不确定 D. 同意 E. 非常同意

4. 如果我对任务提出新方法，我会受到领导的认可

A. 非常不同意 B. 不同意 C. 不确定 D. 同意 E. 非常同意

5. 如果我对任务提出新方法，我会受到同事的认可

A. 非常不同意 B. 不同意 C. 不确定 D. 同意 E. 非常同意

6. 当员工取得创新绩效时，公司会提供奖励，如庆祝会

A. 非常不同意 B. 不同意 C. 不确定 D. 同意 E. 非常同意

7. 当我在工作中更具有创造性时，公司会给予我相应的福利作为回报

A. 非常不同意 B. 不同意 C. 不确定 D. 同意 E. 非常同意

8. 当我在工作中更具有创造性时，经理或最高管理层会公开赞赏我

A. 非常不同意 B. 不同意 C. 不确定 D. 同意 E. 非常同意

第六部分 员工创新行为

该部分共 6 个题项。请根据所提供的描述，结合您自身的实际情况选择相应的选项。

1. 工作中我会主动寻求运用新技术或新方法

A. 非常不同意 B. 不同意 C. 不确定 D. 同意 E. 非常同意

2. 我经常会产生一些有创意的点子或创新性想法

A. 非常不同意 B. 不同意 C. 不确定 D. 同意 E. 非常同意

3. 我会向别人沟通和推销我的新想法

A. 非常不同意 B. 不同意 C. 不确定 D. 同意 E. 非常同意

4. 为了实现新的构想，我会想办法争取所需要的资源

A. 非常不同意　B. 不同意　C. 不确定　D. 同意　E. 非常同意

5. 我会为创新构想的落实制定计划和规划

A. 非常不同意　B. 不同意　C. 不确定　D. 同意　E. 非常同意

6. 整体而言，我是一个有创新和创造性的人

A. 非常不同意　B. 不同意　C. 不确定　D. 同意　E. 非常同意

三、《包容性领导与员工创新行为：员工信任的中介作用和创新自我效能感的调节作用》调查问卷

尊敬的先生/女士：

您好！

首先非常感谢您能在百忙之中抽出时间填写这份问卷，本问卷旨在评价和测量包容性领导、企业员工对直接上级信任、员工创新自我效能感以及员工创新行为的水平情况，以期为提升员工创新能力提出管理建议。本次问卷纯粹为学术研究之用，采用匿名的方式调查，所有信息绝对保密。题目的回答没有对错之分，请您仔细阅读题目，据实际情况填写即可，对您的支持和帮助表示最诚挚的感谢！

第一部分　个人基本信息

请您提供一些基本信息，以便我们进行研究分类，请根据您的实际情况选择相应的选项。

1. **您的性别**

A. 男　　B. 女

2. 您的年龄

A. 30 岁及以下　　B. 31—40 岁　　C. 41 岁及以上

3. 您的受教育程度

A. 高中及以下　　B. 专科　　C. 本科　　D. 研究生及以上

4. 您的工作年限

A. 1 年及以下　　B. 1—3 年　　C. 4—6 年　　D. 7—9 年

E. 10 年及以上

5. 您在本单位的职位

A. 普通员工 B. 基层管理者 C. 中层管理者 D. 高层管理者

第二部分 包容性领导

该部分共9个题项。请根据所提供的描述，结合您自身的实际情况选择相应的选项。

1. 领导愿意倾听新的观点

A. 非常不同意 B. 不同意 C. 不确定 D. 同意 E. 非常同意

2. 领导总是能够抓住新的机遇去改善工作进程或者工作状态

A. 非常不同意 B. 不同意 C. 不确定 D. 同意 E. 非常同意

3. 领导鼓励我积极参与工作决策当中

A. 非常不同意 B. 不同意 C. 不确定 D. 同意 E. 非常同意

4. 领导愿意采纳我的建议

A. 非常不同意 B. 不同意 C. 不确定 D. 同意 E. 非常同意

5. 领导愿意参与讨论工作中出现的问题

A. 非常不同意 B. 不同意 C. 不确定 D. 同意 E. 非常同意

6. 当我在工作中遇到问题时，领导愿意为我提供帮助

A. 非常不同意 B. 不同意 C. 不确定 D. 同意 E. 非常同意

7. 当我向领导咨询问题时，领导能够为我提供专业化的建议

A. 非常不同意 B. 不同意 C. 不确定 D. 同意 E. 非常同意

8. 领导能够体谅我的失败或者错误

A. 非常不同意 B. 不同意 C. 不确定 D. 同意 E. 非常同意

9. 领导在我出现工作错误时，会给予我鼓励和支持

A. 非常不同意 B. 不同意 C. 不确定 D. 同意 E. 非常同意

第三部分 员工信任

该部分共6个题项。请根据所提供的描述，结合您自身的实际情况选择相应的选项。

1. 当我遇到困难时，我愿意依赖其支持和帮助

A. 非常不同意 B. 不同意 C. 不确定 D. 同意 E. 非常同意

2. 我愿意将我在工作中犯的错误告诉他/她

A. 非常不同意　B. 不同意　C. 不确定　D. 同意　E. 非常同意

3. 当我在重要问题上举棋不定时，我愿意依赖其意见

A. 非常不同意　B. 不同意　C. 不确定　D. 同意　E. 非常同意

4. 我愿意信赖其做出的工作决策

A. 非常不同意　B. 不同意　C. 不确定　D. 同意　E. 非常同意

5. 我愿意向其指出工作中的问题，即使对我不利

A. 非常不同意　B. 不同意　C. 不确定　D. 同意　E. 非常同意

6. 我愿意向其如实反馈自己在工作中的困扰，即使对我不利

A. 非常不同意　B. 不同意　C. 不确定　D. 同意　E. 非常同意

第四部分　创新自我效能感

该部分共 8 个题项。请根据所提供的描述，结合您自身的实际情况选择相应的选项。

1. 我能用创新的工作方式实现我定下的大部分目标

A. 非常不同意　B. 不同意　C. 不确定　D. 同意　E. 非常同意

2. 面对困难任务，我相当肯定自己能够创造性地完成

A. 非常不同意　B. 不同意　C. 不确定　D. 同意　E. 非常同意

3. 总体来说，我认为自己能够以创新方法获得重要的成果

A. 非常不同意　B. 不同意　C. 不确定　D. 同意　E. 非常同意

4. 我大多时候能将自己的创新想法变成现实

A. 非常不同意　B. 不同意　C. 不确定　D. 同意　E. 非常同意

5. 我能创造性地应对多种挑战

A. 非常不同意　B. 不同意　C. 不确定　D. 同意　E. 非常同意

6. 我有信心创造性地完成多种不同的工作任务

A. 非常不同意　B. 不同意　C. 不确定　D. 同意　E. 非常同意

7. 与其他人相比，我在工作中创意十足

A. 非常不同意　B. 不同意　C. 不确定　D. 同意　E. 非常同意

8. 即使事情艰难，我仍然能创造性地做好它

A. 非常不同意　B. 不同意　C. 不确定　D. 同意　E. 非常同意

第五部分 员工创新行为

该部分共6个题项。请根据所提供的描述，结合您自身的实际情况选择相应的选项。

1. 工作中我会主动寻求运用新技术或新方法

A. 非常不同意 B. 不同意 C. 不确定 D. 同意 E. 非常同意

2. 我经常会产生一些有创意的点子或创新性想法

A. 非常不同意 B. 不同意 C. 不确定 D. 同意 E. 非常同意

3. 我会向别人沟通和推销我的新想法

A. 非常不同意 B. 不同意 C. 不确定 D. 同意 E. 非常同意

4. 为了实现新的构想，我会想办法争取所需要的资源

A. 非常不同意 B. 不同意 C. 不确定 D. 同意 E. 非常同意

5. 我会为创新构想的落实制定计划和规划

A. 非常不同意 B. 不同意 C. 不确定 D. 同意 E. 非常同意

6. 整体而言，我是一个有创新和创造性的人

A. 非常不同意 B. 不同意 C. 不确定 D. 同意 E. 非常同意

四、《主动性人格与员工创新行为：创新自我效能感的中介作用和领导创新鼓励的调节作用》调查问卷

尊敬的先生/女士：

您好！

首先非常感谢您能在百忙之中抽出时间填写这份问卷，本问卷旨在评价和测量主动性人格、员工创新自我效能感、领导创新鼓励以及员工创新行为的水平情况，以期为提升员工创新能力提出管理建议。本次问卷纯粹为学术研究之用，采用匿名的方式调查，所有信息绝对保密。题目的回答没有对错之分，请您仔细阅读题目，据实际情况填写即可，对您的支持和帮助表示最诚挚的感谢！

第一部分 个人基本信息

请您提供一些基本信息，以便我们进行研究分类，请根据您的实际情

况选择相应的选项。

1. 您的性别

A. 男　　B. 女

2. 您的年龄

A. 18—25 岁　　B. 26—35 岁　　C. 36—45 岁　　D. 46 岁及以上

3. 您的受教育程度

A. 高中及以下　　B. 专科　　C. 本科　　D. 研究生及以上

4. 您的工作年限

A. 5 年以下　　B. 5—10 年　　C. 10 年以上

5. 您在本单位的职位

A. 普通员工　　B. 基层管理者　　C. 中高层管理者

6. 您所在单位的性质

A. 政府部门　　B. 事业单位　　C. 国有企业　　D. 民营企业

E. 合资企业　　F. 外资企业　　G. 其他

第二部分　主动性人格

该部分共 17 个题项。请根据所提供的描述，结合您自身的实际情况选择相应的选项。

1. 如果我看到别人处在困境中，我会尽我所能地提供帮助

A. 非常不同意　B. 不同意　C. 不确定　D. 同意　E. 非常同意

2. 我擅长于将问题转化为机会

A. 非常不同意　B. 不同意　C. 不确定　D. 同意　E. 非常同意

3. 我一直在寻找更好的行事方式

A. 非常不同意　B. 不同意　C. 不确定　D. 同意　E. 非常同意

4. 遇到问题时，我会直面它

A. 非常不同意　B. 不同意　C. 不确定　D. 同意　E. 非常同意

5. 我喜欢挑战现状

A. 非常不同意　B. 不同意　C. 不确定　D. 同意　E. 非常同意

6. 如果我相信一个观点，没有什么障碍能够阻止我实现它

A. 非常不同意　B. 不同意　C. 不确定　D. 同意　E. 非常同意

7. 如果我相信某件事，不管成败的可能性如何，我都会去做

A. 非常不同意 B. 不同意 C. 不确定 D. 同意 E. 非常同意

8. 没有比看到我的想法变成现实更令人兴奋的事了

A. 非常不同意 B. 不同意 C. 不确定 D. 同意 E. 非常同意

9. 我总是在寻找新的方法使自己的生活更好

A. 非常不同意 B. 不同意 C. 不确定 D. 同意 E. 非常同意

10. 我享受面对和克服想法上的障碍所带来的乐趣

A. 非常不同意 B. 不同意 C. 不确定 D. 同意 E. 非常同意

11. 我总希望我在群体中是特别的

A. 非常不同意 B. 不同意 C. 不确定 D. 同意 E. 非常同意

12. 就算别人反对，我也会坚持自己的想法

A. 非常不同意 B. 不同意 C. 不确定 D. 同意 E. 非常同意

13. 我能比其他人更早发现一个好的机会

A. 非常不同意 B. 不同意 C. 不确定 D. 同意 E. 非常同意

14. 我总是倾向于让别人来开始一个新的项目/工作

A. 非常不同意 B. 不同意 C. 不确定 D. 同意 E. 非常同意

15. 我擅长于识别机会

A. 非常不同意 B. 不同意 C. 不确定 D. 同意 E. 非常同意

16. 无论在哪里，我都是推动建设性变革的强大力量

A. 非常不同意 B. 不同意 C. 不确定 D. 同意 E. 非常同意

17. 看到自己不喜欢的事物，我会去改变它

A. 非常不同意 B. 不同意 C. 不确定 D. 同意 E. 非常同意

第三部分 领导者创新鼓励

该部分共 6 个题项。请根据所提供的描述，结合您自身的实际情况选择相应的选项。

1. 我的领导鼓励并且重视员工创造力

A. 非常不同意 B. 不同意 C. 不确定 D. 同意 E. 非常同意

2. 我的领导尊重员工的创新能力

A. 非常不同意 B. 不同意 C. 不确定 D. 同意 E. 非常同意

3. 我的领导允许员工尝试用不同的方式解决同一个问题

A. 非常不同意 B. 不同意 C. 不确定 D. 同意 E. 非常同意

4. 我的领导希望员工用不同的方式处理问题

A. 非常不同意 B. 不同意 C. 不确定 D. 同意 E. 非常同意

5. 我的领导会奖励工作有创造力的员工

A. 非常不同意 B. 不同意 C. 不确定 D. 同意 E. 非常同意

6. 我的领导会公开表扬那些有创造性的员工

A. 非常不同意 B. 不同意 C. 不确定 D. 同意 E. 非常同意

第四部分 创新自我效能感

该部分共 4 个题项。请根据所提供的描述，结合您自身的实际情况选择相应的选项。

1. 我擅长想出新方法来解决问题

A. 非常不同意 B. 不同意 C. 不确定 D. 同意 E. 非常同意

2. 我觉得自己擅长想出新的点子和想法

A. 非常不同意 B. 不同意 C. 不确定 D. 同意 E. 非常同意

3. 我相信自己具有创造力

A. 非常不同意 B. 不同意 C. 不确定 D. 同意 E. 非常同意

4. 与他人相比，我可以创造性的完成大多数任务

A. 非常不同意 B. 不同意 C. 不确定 D. 同意 E. 非常同意

第五部分 员工创新行为

该部分共 6 个题项。请根据所提供的描述，结合您自身的实际情况选择相应的选项。

1. 工作中我会主动寻求运用新技术或新方法

A. 非常不同意 B. 不同意 C. 不确定 D. 同意 E. 非常同意

2. 我经常会产生一些有创意的点子或创新性想法

A. 非常不同意 B. 不同意 C. 不确定 D. 同意 E. 非常同意

3. 我会向别人沟通和推销我的新想法

A. 非常不同意 B. 不同意 C. 不确定 D. 同意 E. 非常同意

4. 为了实现新的构想，我会想办法争取所需要的资源

A. 非常不同意 B. 不同意 C. 不确定 D. 同意 E. 非常同意

5. 我会为创新构想的落实制定计划和规划

A. 非常不同意 B. 不同意 C. 不确定 D. 同意 E. 非常同意

6. 整体而言，我是一个有创新和创造性的人

A. 非常不同意 B. 不同意 C. 不确定 D. 同意 E. 非常同意